CHERRINE CARDOSO

A incrível arte de
desapegar

Soluções práticas para você se livrar de vez de tudo o que não serve mais em sua vida

Agradecimentos **5**

Apresentação **8**

Prefácio **11**

1 - Apego emocional **13**

Nas relações afetivas 13

Nas relações familiares 27

Nas amizades 43

Aos bichinhos de estimação 48

Preceito moderador 54

2 - Apego material **56**

3 - Apego ao corpo físico **67**

4 - Apego à vida profissional **78**

Aos planos e às metas 78

Aos negócios e à profissão 84

5 - Apego a lugares **90**

6 - Apego às tecnologias **97**

7 - As novas gerações e suas tendências
ao desapego **105**

Geração Perdida 107

Geração Grandiosa 108

Geração Silenciosa 110

Baby Boomers............................... 113

Geração X...................................... 117

Geração Y...................................... 121

Geração Z...................................... 125

8 - O poder das escolhas **134**

9 - O medo de mudanças **139**

10 - Apego à ideia de desapegar **145**

*O que é verdadeiro
nunca se perde;
só se transforma.*

Agradecimentos

Este livro só está se tornando realidade, porque precisei colocar em prática o sentido do desapego, quando, em 2010, decidi que moraria em outro país. Mas essa decisão só foi tomada a partir de minha necessidade de desapegar de um sentimento. O sentimento de apego a uma pessoa. Então, eu a agradeço — mesmo que ela não saiba —, já que impulsionou muitas mudanças em minha vida.

Também este livro não seria uma realidade, se eu não tivesse pais tão incríveis e incentivadores. Todas as minhas decisões, certas ou erradas, foram aceitas por eles. Sem dúvida, a arte de desapegar vem também, em boa parte, da maneira como fui criada. Sempre senti por parte deles a liberdade de me deixar ser o que eu precisava ser. De me deixar viver o que eu queria viver. De permitir minhas aventuras e andanças, por mais que soubessem onde eu poderia errar. É errando que se aprende, não? Pois assim vivo aprendendo, por incentivo dos meus pais, Hugo e Fátima, a quem agradeço tudo.

Agradeço também a amigos, familiares, empregadores, parceiros de vida, companheiros da filosofia que sigo por, de forma direta ou indireta, serem personagens para mim e para o contexto do que escrevo.

Eu aprendo muito com todas as pessoas que conheço. E se dizem que, quando conhecemos alguém, um pouco de nós se vai com essa pessoa e um pouco dela fica conosco, eu posso dizer então que meu livro é a soma desses encontros.

Este trabalho é para todos vocês que, em algum momento, dividiram e compartilharam comigo suas vidas e para aqueles que direta ou indiretamente terão neste conteúdo um apoio a esse sentimento. A todos o meu muito obrigada!

Apresentação

O escritor Carlos Hilsdorf disse que "o apego é uma âncora, que mantém você preso onde está agora". É com essa frase que inicio a jornada por esse tema tão difícil de ser explanado, justamente por ser difícil colocá--lo em prática.

Acho que nunca li um livro que abordasse o desapego. Dessa forma, tudo o que sei foi aprendido por meio das experiências que a própria vida me ofereceu e das histórias que ouvi de pessoas conhecidas, às quais, assim como no meu próprio caso, a vida se encarregou de proporcionar o aprendizado desta incrível arte.

Ao longo dos capítulos deste livro, procurarei expor, com exemplos, histórias de pessoas que lidaram com a arte de desapegar, por meio de situações fáceis e prazerosas, que geraram os registros mais positivos dessa passagem, e também por meio de histórias tristes e difíceis, mas que igualmente ensinaram lições para seus protagonistas. Veremos também as diferentes maneiras de aprender com o desapego e como ele acontece em diversas situações.

Quando não nos permitimos às mudanças, que propositadamente a vida nos apresenta, perdemos a oportunidade de vivenciar novas conquistas, novos momentos e até mesmo a construção de novos paradigmas.

Acredito que o que Hilsdorf quer dizer quando traduz "apego" como uma âncora é isso. Estar apegado a algo, a alguém, a uma situação, faz com que limitemos nossa própria evolução, nosso próprio progresso. E a forma mais sensata de nos permitirmos progredir na vida é nos dando a oportunidade de desapegar.

Outra forma de encararmos a realidade do desapego é entendermos que estamos neste mundo e vivendo esta vida com um determinado propósito e que todas as pessoas que conviverem conosco nesta jornada fazem parte do contexto daquilo que precisamos viver e aprender, mas isso não significa que elas estarão para sempre ao nosso lado.

Relações se desfazem, muitas amizades e muitos amores se transformam, desejos não são imutáveis. Hoje, vivemos uma realidade e amanhã podemos estar diante de um novo começo. Dependerá exclusivamente de nós permitir vivenciá-lo!

Essa é a verdadeira arte de desapegar.

Desejo que a leitura deste livro seja para você, além de prazerosa, uma forma de contribuir com sua maneira de encarar o apego e o desapego.

Prefácio

Você já notou que, ao ter de fazer alguma mudança em sua vida, começa a encontrar barreiras internas, que dificultam seu poder de escolha?

É da natureza humana acostumar-se a algo ou a alguém e empurrar a situação, geralmente desagradável, até que ela se torne insuportável e, daí, sejamos obrigados a encará-la e a tomar uma decisão definitiva.

A resistência às mudanças agrava-se quando nos prendemos ao apego. Apegar-se vai além da resistência, porque, além de nos limitar, também nos paralisa. Não conseguimos tomar iniciativa, decisões, mudar; ficamos emperrados, amarrados, presos a pessoas, a sentimentos, a objetos, a um jeito de pensar, de viver...

O apego nubla a consciência e nos afasta de nossa verdadeira essência, impedindo-nos de valorizar nossas qualidades, de desenvolver nossos potenciais inatos e, consequentemente, não nos permitindo uma vida melhor, mais prazerosa e plena.

Cherrine Cardoso apresenta neste livro despretensioso, mas cheio de soluções inteligentes, dicas úteis para ajudá-lo a vencer os obstáculos que limitam seu poder de escolha e que o mantêm apegado a tudo o que não lhe serve mais.

Em *A incrível arte de desapegar*, a autora mostra que, quando você se desapega de velhos hábitos e segue adiante, tem coragem para viver escolhas novas e diferentes, que o ajudam a dar um novo passo rumo ao seu crescimento pessoal. Afinal de contas, você merece ser feliz.

Boa leitura!
Marcelo Cezar

1
Apego emocional

"Quanto mais tempo passa,
mais eu tenho certeza que do desapego
se deriva a felicidade e do apego
se deriva a tristeza."

Priscila Ramos de Souza

Nas relações afetivas

É curioso como o ser humano tende a se enganar, mas por pura ignorância. Uma ignorância que é praticamente proposital, pois, conscientemente (e nem precisa ser tão consciente assim), sabemos que nascemos sozinhos e morreremos sozinhos.

Se há em nossa vida uma certeza — e certamente todos a repetem dizendo para si ou para os outros — é que vamos morrer um dia. Sim! E se você ainda acredita que haverá uma solução para a morte, sinto desapontá-lo, mas não haverá. Seu corpo físico vai resistir o máximo que puder diante de toda e qualquer nova tecnologia que possa aparecer, mas não para sempre. Portanto, você vai morrer. E precisa, agora e todos os dias, tentar compreender e se acostumar com essa realidade.

Aquele que aceita a morte como um fato irremediável tende, naturalmente, a viver de forma mais desapegada, pois sabe que a vida lhe é passageira. E se a própria vida o é, que dirá então das pessoas, situações, dos objetos e momentos pelos quais elas passam?

Somos feitos de matéria. Uma matéria densa e física, que nasce, se decompõe e morre, tal como as plantas e os alimentos. No entanto, diferentemente desses elementos vivos compostos de matéria física e energética apenas (vide os vegetais), nós possuímos corpos sutis como o emocional, o mental (inconsciente, subconsciente e consciente), o intuicional e até outros acima deste[1].

Nosso corpo emocional se alimenta de emoções, assim como o mental de memórias e pensamentos. Esses alimentos podem ser benéficos ou não. Tudo depende de como nós os geramos e nutrimos.

O que proponho para análise neste capítulo é o apego ou o desapego emocional.

Ao iniciá-lo, pautei nossa ignorância em acharmos que, porque somamos pessoas (familiares, amigos, amores) ao longo de nossa existência, partiremos com eles. Não, infelizmente, cada um de nós parte sozinho, por mais que amemos muitos dos que ficam.

Não importa que viagem seja essa, se daqui para outro plano ou para um novo país. Nós nem sempre teremos a escolha de convidar as pessoas, a menos que esta seja uma opção delas também, excetuando-se, obviamente, quando se trata da morte. O que precisamos em nossa vida é trabalhar esse apego

---

1- Para obter mais informações sobre o assunto, leia Corpos do Homem e Planos do Universo, de DeRose, em que ele explica a divisão de nossos corpos e os níveis de consciência.

que temos pelo outro, seja este "outro" uma pessoa ou coisa material.

Se nós temos condições de amar várias pessoas, de nos dividir em fases para estarmos com diversos tipos e perfis de amores ao longo de nossa vida, isso significa que nessas fases colocamos em prática o desapego.

Na adolescência, você se apaixonou e desapaixonou quantas vezes? Conseguiria se lembrar? Quantas vezes se lamentou, chorou, lamuriou a falta ou até mesmo a sensação de perda de alguém que você considerava "ser" para sempre? Na juventude, na maturidade, em nenhuma dessas fases foi diferente.

No processo das relações, desapegar-se de um parceiro ou companheiro talvez seja difícil, principalmente se a parte que não quer sair da relação for a sua. Se você recebe a notícia de que o namoro acabou, mas ainda quer estar com a pessoa, sem dúvida a sensação de ter de se desapegar dela é dolorosa.

Você precisa reaprender a curtir e viver seus dias sem contar com a rotina que já havia estabelecido com aquela pessoa em questão. Lidar com o novo, enfrentar a mudança, dar coragem ao recomeço, tudo isso faz parte da arte de desapegar de uma relação afetiva.

Por outro lado, quando quem quer sair da relação é você, a dor é menor e fica fácil encarar o dia seguinte ao término da relação, pois você já não queria mais mantê-la e deixa esse processo difícil e doloroso para o lado de lá, para o lado de quem talvez ainda nutra um sentimento e desejo de estar perto.

Mas isso fica diferente quando a relação acaba e há mais pessoas envolvidas, como os filhos, a família e os amigos de cada um, que passaram a ser dos dois. Quando você construiu ao longo do relacionamento mais do que apenas a sua vida, estão em jogo todos os laços estreitados com aqueles que se somaram às duas partes do casal. E é mais difícil ainda quando os dois vivem no mesmo espaço, na mesma casa.

Se há filhos, a decisão de desapegar é ainda mais complicada. Você deixa de pensar apenas em si e não consegue tomar uma decisão, pois ela não implica só a sua vontade e felicidade. Para muitos, escolher ser feliz dentro dessa realidade pode parecer egoísmo.

Aquele que quer terminar sempre questionará como isso poderá se refletir na relação com os filhos, na sua criação, no seu desenvolvimento.

Conheço casais que desistiram de se separar para priorizar a criação dos filhos. Conheço também aqueles que pensaram para frente, perceberam que a vida passa rápido demais para vivê-la sentindo-se infeliz, e que souberam demonstrar aos filhos que a relação que chegou ao fim foi a do casal e não a relação com eles. Mas também conheço casais que, justamente por conta de uma das partes não querer sair, viveram fases conturbadas no processo de separação e o envolvimento dos filhos se tornou doloroso e até traumático.

Mas mesmo que alguns casais não tenham filhos, a situação não é menos complicada. Se uma das partes não quer o fim, a negociação dessa saída vem sempre cheia de porquês, de dúvidas, de pedidos, de promessas. E o indivíduo sempre se vê diante de um dilema doloroso e muitas vezes truculento.

Alguns adiam por meses e até por anos o desatar desse laço, por carinho ou pena do outro. Alguns podem enxergar de forma nobre essa atitude, mas o quanto a pessoa que quer sair do relacionamento dispende de energia, tempo e dedicação a algo que não quer mais? Vale questionar o quanto isso é ou não saudável.

Seu corpo sempre sentirá os reflexos de suas escolhas!

Se a relação é saudável, e os dois são amigos, que conseguem desenvolver e manter uma boa comunicação, o desatar dos "nós" será mais leve e ambos poderão seguir com suas vidas, mas contando um com o outro de outra forma. Essa é a maneira mais inteligente de findar uma relação a dois. Mostrar maturidade, demonstrar companheirismo e provar que a amizade constituída seguirá.

Afinal, após viver um tempo ao lado de alguém que você amou como parceiro, não é justo apenas usar o álibi do desapego como se nada nunca tivesse acontecido. Você desapega da relação, mas mantém pela pessoa o carinho e o amor, agora transformado, para sempre.

Quantas relações acabam e parece que as pessoas envolvidas nunca conviveram?

Conheço indivíduos que destroem fotos, apagam registros, não tocam no nome do (a) ex--parceiro (a), como se o tempo passado com a pessoa em questão nunca tivesse existido. Isso pode gerar uma frustação muito grande em ambos os indivíduos. Não é porque não seguiu dando certo que a relação não deu certo pelo tempo que tinha que dar.

Você com certeza aprendeu, cresceu, experimentou muitas coisas em todos os relacionamentos que já teve. Guarde isso como um presente que a vida lhe deu e cuide com carinho de todas as pessoas com as quais teve um envolvimento.

Quem costuma ditar como devemos ou não nos comportar diante do fim de uma relação, muitas vezes, é a cultura social na qual estamos inseridos. Há filmes, novelas, crenças que determinam como você deveria agir.

Mas será que a forma verdadeira de se terminar algo é se utilizando de distanciamento, desprezo e maus tratos? Repense se é assim que você gostaria de ser tratado e sempre se coloque no lugar da outra pessoa com quem você já esteve.

Ninguém passa por sua vida sem um propósito específico, portanto respeite esse laço e, mesmo que ele se desfaça para o relacionamento amoroso, transforme esse sentimento em uma amizade.

Se podíamos contar com nosso (a) companheiro (a) durante a relação, não significa que deixaremos de contar quando a relação acabar, não é mesmo?

Mesmo diante de relações traumáticas, não devemos ignorar o fato de que aquilo aconteceu. Tudo o que você experimentou em sua vida gera uma memória. E mesmo as memórias não tão boas nos são úteis no processo de evolução. É por meio do aprendizado que extraímos de toda e qualquer situação aquilo que poderemos usar para crescer e nos transformar.

Quem disse que se relacionar é fácil? Muitas histórias de amor "para sempre" se acabaram, mas, para cada uma das situações, todos aprendem uma nova lição.

"A vida exige destemor e desapego. Em algum momento temos de arriscar, saltar no escuro, avançar sem certeza do que vai pela frente. Sobretudo no amor."

Ivan Martins

Há pessoas que aproveitam o término de uma relação para colocarem em prática um desejo guardado, que até então estava em seus planos apenas, como fazer uma viagem para outro país, começar um novo curso ou aprender uma nova arte.

Isso nos mostra que o fim de um relacionamento permitirá aos indivíduos — por mais apegado que um dos lados esteja — um salto na direção de algo novo e também contribuirá para um amadurecimento enorme para as pessoas. Escolher um país diferente, uma língua nova, outros amigos fora do círculo vicioso em que permaneciam por ter conexão com aqueles que conviviam com o casal, contribui para a evolução pessoal dos indivíduos, já que, dentro de uma situação aparentemente ruim, o desapego ao sentimento e ao outro se tornou o motivo para viver novas experiências.

Ao final de um relacionamento, cada um tem seus porquês. É da natureza do ser humano buscar culpados quando algo — que a pessoa não quer que acabe — chega ao fim, assim como é também da natureza do ser humano remoer a situação e pensar nos motivos e em tudo o que fez de bom para o outro e para si mesmo, as surpresas, os presentes, as compreensões dos erros. Mas esse tipo de atitude só faz o indivíduo se sentir ainda mais triste.

Quando resolvemos nos desapegar e promover mudanças — sejam elas quais forem —, a iniciativa nos traz de volta o ar da novidade, nos proporciona uma nova energia, traz contribuições à nossa autoestima e promove a sensação de estarmos prontos para encarar novos relacionamentos, sem medo de suas consequências.

Mas e quando as rupturas acontecem entre casais que viveram dez, vinte, cinquenta anos juntos? A luta pelo novo parece ser um pouco mais complicada. Já pensou em como esses casais vão lidar com a separação? Tanto tempo juntos com as mesmas pessoas, dividindo tudo, para, de repente, se verem diante de um enorme vazio. No entanto, cada fase oferece aos indivíduos um sentimento diferente.

Se a separação acontece numa situação em que ambos ainda estejam vivos, a maneira de lidar com o desapego se dá de uma forma. Se a separação acontece diante de uma separação não desejada, como a morte, lidar com o desapego se dá de outro jeito. Mas em qualquer uma delas, o indivíduo tem a opção de escolher como vai dar prosseguimento à sua vida.

Muitos aproveitam essas rupturas para se dedicarem a algo do qual tenham abdicado em nome do amor, porque o amor humano é egoísta. O ser humano é o único bicho que diz ao outro o que ele deve ou não fazer, com aquele ar de que pode podar a liberdade do outro. E alguns aceitam essas condições. Mas seja de que forma for a relação na qual a pessoa acredita, o fato é que, ao se ver numa relação findada, ela pode escolher ficar triste, se lamentar, se fechar a novas oportunidades amorosas ou se desapegar.

O desapegar não significa que a relação ou a pessoa com a qual esteve não significou algo importante para você. Contudo, a arte de desapegar compreende sua destreza em reaprender a viver sem aquela pessoa. E lembre-se: você não nasceu colado a ela ou a mais ninguém.

Entendo que para os idosos, que tenham passado e dividido a vida inteira com um único parceiro, a morte lhe pareça traiçoeira demais. Porque há bem menos tempo para dispor das novidades que a vida tem a lhe oferecer.

Mas não é impossível. Conheço histórias de velhinhos que, ao perderem seus parceiros (ou parceiras), não escolheram se entregar aos dias em que a morte também bateria à sua porta, sem fazer nada de novo ou diferente. Ao contrário, demonstraram um enorme prazer em viver e descobrir coisas novas.

Lembro-me de Fauja Singh, um indiano que, com mais de 100 anos, completou em 2011 uma maratona correndo cheio de disposição, o que o fez virar notícia por todo o mundo. Ele começou a correr com 80 anos, logo após a morte de sua esposa. Alguns vão dizer: "Ah!, mas os indianos vivem a filosofia do desapego naturalmente". Bobagem! São tão humanos quanto qualquer um de nós. Até aqueles que se isolam do mundo nas montanhas, os sadhus, o são. Eles também precisam aprender a lidar com as cobranças do mundo. Uma vez humano, sempre humano. Uns mais evoluídos que outros, sem dúvida. Mas, como a história de Fauja, há milhares de outras que talvez não ganhem a repercussão da mídia e que acontecem todos os dias.

Pessoas aprendem a lidar com a separação. Vivem os dias que lhes faltam ou as décadas que ainda lhes restam para reaprender a viver e a despertar novas inspirações.

Enquanto estamos vivos e temos saúde e energia, devemos manter um único apego. Não o apego a algo ou a alguém, mas o apego à felicidade. Talvez em questões de sentimentos e emoções este seja o único apego permitido a qualquer um de nós. O desejo de ser feliz, buscando a felicidade da forma que melhor lhe convenha.

Outro dia, li em uma rede social de um autor desconhecido que "o que temos iremos deixar. O que somos irá conosco a qualquer lugar". Portanto, aproveite o momento em que estiver — principalmente se estiver diante do fim de uma relação — e descubra novos sabores para sua vida. Inspire-se! Conheça a história de pessoas que passaram por situações como a sua e permita-se fazer algo novo e diferente para preencher seus dias ou até mesmo, quem sabe, descobrir novas atividades que lhe ofereçam sensações ainda melhores das que você vivenciou até hoje.

Você ainda não passou por nenhuma situação parecida? Não precisou se desapegar de um sentimento, de uma relação? Não se apresse. Saiba que, cedo ou tarde, você poderá enfrentar esse momento. Então, aproveite o que leu até aqui e prepare-se! Lembrando-se de que nada é para sempre, pois "o pra sempre sempre acaba" como dizia Renato Russo, cantor famoso da década de 1990, em uma de suas canções. Mas que tudo em sua vida seja eterno enquanto durar, preparando-o para o momento em que for necessário desapegar.

Nas relações familiares

No tópico anterior, ao escrever sobre o desapego nas relações afetivas, fiz uma reflexão sobre a morte e disse que esta é a única certeza que temos. Disse também que, ao aceitar esse fato, o desapegar vai ser duro, mas consciente. Você sabe e entende que ninguém é de ninguém e que tudo pode acabar num piscar de olhos por essa situação inevitável.

Por isso, estou indo e voltando nesses parênteses sobre a morte, pois encará-la no processo de desapego é o mais difícil.

O desapego aos parentes e familiares, este sim é, para muitas pessoas difícil de lidar. Assim como acontece nas relações amorosas, há maneiras desses laços relacionados aos parentes se soltarem, ou afrouxarem, ensinando as pessoas a lidarem com os momentos de mudança.

Uma delas é quando a pessoa segue seu curso em busca de sua felicidade. Uns saem de casa cedo por quererem liberdade e independência. Outros só saem temporariamente para algumas aventuras, mas sempre tendo o pouso familiar como zona de conforto. Alguns se mudam, vão para outras cidades, para estudar ou trabalhar, e ali ficam. E, assim, o contato com os parentes se torna esporádico.

Há aqueles que se casam e, quando isso acontece, saem do ninho para constituir o seu próprio. Há os que apenas se afastam da casa dos pais, mas moram na mesma cidade, vivenciam a distância como algo bastante saudável, mas, vez ou outra, sabem que podem correr para o colo afetivo, pois ele estará ali.

Ou os que mudam de cidade, de país, aprendem com a distância a encarar a saudade, mas sem deixar de viver suas experiências. Estes aprendem realmente a desapegar, porque contam muito pouco com a presença física dos pais, irmãos, primos, tios, amigos. Mas sabem que eles estão ali, então não há aquela dor difícil de lidar, que é quando você sabe que não poderá mais contar com eles quando um ou outro falece. Para cada uma dessas situações, há, em maior ou menor grau, a arte de desapegar.

Amor aos pais e amor aos filhos são, sem dúvida, os maiores amores do mundo. Não é à toa que tantos escrevem sobre a importância de dizer todos os dias e mais de uma vez o quanto essas pessoas são importantes. Não devemos esperar o momento da ruptura para lembrar desse sentimento tão importante.

Conheço pessoas que vivem da imensa vontade de viajar, de soltar as asas e conhecer novos horizontes, mas que, por conta do apego familiar, não se permitem e preferem viver perto dessa estrutura por medo de, enquanto estiverem distantes, algo acontecer à família e não terem vivido próximo o suficiente para mostrar esse amor. Mas daí eu questiono: será que isso é mesmo amor? Apego não é amor. Apego é medo. É insegurança, é egoísmo.

Como falei no início do capítulo, chegamos e partimos sozinhos. Quem nos colocou no mundo sabia disso. Por mais difícil que seja para pais e mães aceitarem, eles sabem que um dia os filhos seguirão seu destino, convivendo próximos ou não.

O ser humano nasce, cresce, se educa, em sua maioria, por meio do espelho de sua família. Muitos aspectos do comportamento de cada um são reflexo daquilo que essa pessoa recebeu no berço de sua educação. Os condicionamentos nem sempre são conscientes. Para dizer a verdade, quase nunca.

Na filosofia hindu, há duas formas de gerar condicionamentos e registros no inconsciente, chamados de samskaras[2], que são os

---

2- Leia mais sobre em: HENRIQUES, Antônio Renato. Yoga e Consciência. 2. ed. São Paulo : Rígel, 1984, pp. 84-87.

registros mais profundos e difíceis de mudar; ou vásanas, que são os condicionamentos criados por meio de uma rotina. Por exemplo: o jogador de tênis Rafael Nadal, sempre que vai fazer um lançamento, segue uma espécie de ritual para jogar a bolinha. Esse comportamento já foi até usado em uma campanha publicitária, mostrando que, desde muito pequeno, Nadal já fazia a mesma sequência de movimentos. Isso é considerado um samskara. O jogador até pode saber que realiza esse ritual, mas nem percebe, pois isso já se tornou algo automático. Algo que, sem dúvida, ele dificilmente conseguirá mudar. Um vásana é algo mais pontual e, dessa forma, mais fácil de ser mudado também. Seguir para o trabalho sempre pelo mesmo caminho ou repetir a mesma rotina diariamente são rituais que podem ser mudados pela pessoa, se ela quiser. Ao se dar conta da repetição diária de um comportamento, ela pode alterá-lo, bastando mudar sua rotina.

Para alguns indivíduos mais lúcidos, com novos aprendizados somados pela vida, é possível perceber e diferenciar o que se tornou uma repetição de comportamento mais difícil de ser mudado de outro que precise de menos esforço para mudar.

A forma de criação de cada pessoa reflete diretamente na maneira como ela interpreta e lida com o apego e o desapego. Não que seja imutável, pois, em vida, nada é. Mas sem dúvida, se o reflexo é automático, ficará muito mais difícil mudar a linha de atitudes e pensamentos. Se, por exemplo, uma pessoa é criada em uma família de sentimentos desapegados, sua tendência natural será gerar e criar sua família com esse mesmo comportamento.

Narrarei brevemente a história do André e da Júlia[3], que nos servirá de exemplo dessa linha de pensamento. André foi fruto de uma relação já pautada no desapego. Seu pai e sua mãe se casaram após terem se conhecido por meio de cartas. Isso aconteceu por volta da década de 1940. Naquela época, casamentos arrumados eram muito comuns. O pai de André, um viúvo, já era um senhor quando se casou com sua mãe, uma solteirona, que

---

3 - Todos os nomes mencionados neste livro são fictícios para preservar a identidade real dos personagens.

estava com seus quase 40 anos, quando decidiu se mudar do Rio de Janeiro para São Paulo, a fim de conhecer seu futuro marido.

Da primeira relação do pai de André vieram três filhos, que sua mãe pouco conheceu, pois eram mais velhos e passaram a vida longe do ninho paterno. André foi filho único dessa segunda relação. Seu pai já era um senhor, que pouco ficava na cidade, pois preferia as andanças da capital até uma cidade no interior, onde passava dias ou até mesmo semanas, enquanto restara para sua mãe a responsabilidade por sua criação. É muito provável que André teve de lidar com o sentimento de ausência do seu pai desde criança. Sua mãe fez o que pôde, deu o que conseguiu, mas sempre foi uma relação dura, sem muito carinho. O que André talvez não soubesse é que a forma como foi criado se refletiria na maneira como criaria seus filhos no futuro. Hoje, André sabe que precisou avaliar muito seu comportamento para não repetir com seus filhos o mesmo sentimento de ausência que sofrera de seu pai.

O exemplo de Júlia foi um pouco diferente e nos mostra uma criação pautada numa relação de desapegos. Júlia nasceu no Brasil, mas com poucos anos voltou para a terra de seus pais, Portugal. Nessas idas e vindas, da infância à adolescência, ela precisou deixar para trás os amigos que fizera algumas vezes. Para uma criança/adolescente, que já passa naturalmente por conflitos durante o processo de crescimento, ter de passar por isso várias vezes foi duro e poderia tê-la tornado uma pessoa fria e individualista. No entanto, as mudanças de cidade e país foram compensadas por seu pai, um senhor generoso, afetuoso, que, ao contrário, dos pais de André, emanava carinho à sua família e a seus amigos.

De acordo com as lembranças das experiências pelas quais passara, ele estava sempre disposto a agradar. Júlia era apegada ao pai e à boa parte da família, como: sua mãe, irmã, filhos e sobrinhos. Quando seu pai faleceu, foi certamente o momento mais difícil que ela teve de lidar no que diz respeito a desapego. Mas não somente Júlia precisou aprender com essa perda. Toda a família teve uma lição de vida, pois ele era um exemplo de bondade para aqueles com os quais convivia.

De acordo com Júlia, certamente sua família aprendeu com essa passagem como é difícil lidar com a ausência de alguém que amamos muito, mas a tarefa tornou-se menos penosa porque os pais a tinham preparado para lidar com o desapego. Lidar com outras mortes não seria algo menos doloroso, mas se tornaria mais fácil.

Agora, suponhamos que Júlia e André tenham se conhecido e constituído uma família. Como as lições de vida que ambos tiveram sobre a arte de desapegar influenciariam a relação entre dois e a criação dos filhos do casal?

O que sugeri com os exemplos acima foi chegar a esse ponto da reflexão. Quando duas pessoas se unem para formar um núcleo familiar, não o fazem sem a bagagem individual. De ambos os lados temos criações diferentes, culturas diferentes, formas de amar e se relacionar diferentes. Os que vierem dessa relação receberão a carga de vida dos dois lados, formando, assim, novas individualidades sobre esses reflexos.

Justamente por isso, é tão importante estarmos conscientes das influências que geramos à nossa volta e naqueles com quem nos relacionamos. Você pode contribuir positivamente para a visão das pessoas no sentido do apego e desapego, ou não.

André era mais desapegado, mas não por opção, e sim por circunstância da criação que tivera de seus pais; Júlia era menos desapegada, mas também tivera uma vida de poucos laços, principalmente na adolescência. E o quanto isso poderá refletir na criação dos seus filhos?

E é isso o que acontece o tempo todo. Muitos não percebem o quanto estão repetindo os padrões de seus pais em tudo, seja no que diz respeito a apego ou a qualquer outro tipo de atitude. É importante avaliarmos se nossas ações são meros reflexos desses espelhos ou se temos realmente consciência daquilo que fazemos em relação à nossa individualidade/personalidade ou do quanto estamos sendo influenciados.

Quando o apego é à liberdade, haverá sempre uma vontade de sair, de conhecer outros lugares no mundo, de viver sem muitas raízes e sem muitas coisas também, mesmo que o indivíduo sinta o desejo de estar ou ficar por determinado tempo nos lugares por onde passa. Mas se a essência dessa pessoa for mesmo a de ser livre, até esse tempo determinado, que lhe parece apego, não o prenderá para sempre.

Ao ser educado para a vida, ou seja, para viver e não sobreviver apenas, o indivíduo tem o incentivo para se dar ao luxo de praticar pequenas "loucuras". E, certamente, seus pais nunca dirão: "Você não vai fazer isso, porque nós não queremos". Ao contrário, eles o ajudarão em todas as vezes que tiver vontade de partir. Estes pais ensinam que da vida o que se leva são as experiências e que não adianta somar e multiplicar bens, porque esses ficam. O que se leva na partida — seja na morte ou em uma mudança em vida (de casa, cidade, país etc.) — é aquilo que foi vivido.

Não que essas pessoas não se preocupem com o básico: estudos, conforto, valores, princípios, moral. O que muda é a maneira de ensinar e de viver isso tudo. Conheço indivíduos que foram educados para serem livres, viajarem e viverem o novo todos os dias, mas, ainda assim, foram para escola, tiveram roupas de grife, ganharam presentes de seus pais. No entanto, dentro de sua educação, isso era apenas momentâneo e fazia parte do processo social natural, mas não do que viria a ser sua essência.

Veja o exemplo destas duas irmãs: Ana e Clara, criadas sob o mesmo paradigma educacional, ou seja, tendo como espelho e reflexos os ensinamentos dos mesmos pais. Ana nunca se firmou em empresa alguma, pois o mais importante para ela era trabalhar com algo que lhe desse prazer, não importando muito se o que ganhasse fosse pouco ou muito. Já para Clara, o *status* de estar numa boa posição dentro da empresa onde trabalhasse, ganhar um salário alto e ter um bom cargo era seu ideal de vida.

Ana nunca acumulou bens. O que ganhava em seus empregos gastava com o que desejava ter. Ela guardou pouco, viajou bastante, não teve filhos e vive com um parceiro que, de certa forma, se parece em muito com ela nessa forma de ser. Clara se casou, teve dois filhos, sempre trabalhou muitas horas por dia, soma reclamações, não tem muitos amigos e se queixa de dores no corpo por ter pouco tempo para cuidar de si ou de fazer coisas que lhe deem prazer. Não posso julgar quem terá melhores resultados com o apego ou o desapego, mas consigo ter uma vaga ideia. E você?

Escrevendo este capítulo, lembrei-me do filme *Agora e para Sempre* (*Now is Good*, em inglês), protagonizado pela atriz Dakota Fanning. Nele, a personagem descobre que tem leucemia, uma doença que requer transplante de medula, para que o paciente tenha a possibilidade de seguir vivendo. No entanto, como a medula precisa ser compatível com o tipo sanguíneo do paciente, nem sempre é fácil conseguir o doador.

O mais interessante do filme é a atitude da protagonista. Ela opta por não passar pelo tratamento de quimioterapia, mesmo sabendo que isso vai encurtar ainda mais sua vida devido à doença. E, com essa decisão, ela começa a fazer uma lista de coisas que deseja realizar antes de morrer. Entre elas, encontrar um amor verdadeiro.

O filme todo é uma lição de desapego. Não só por parte dela, que entende que tem pouco tempo e precisa lidar diariamente com essa certeza — e justamente por isso vive mais intensamente todo o tempo que lhe resta —, mas também por parte de seus pais, que, mesmo tentando forçá-la a fazer o tratamento, entendem, por fim, que se trata do medo de perdê-la e que a ideia de que ela prefere viver a perder esses últimos momentos fazendo tratamento é uma demonstração de coragem. Ao assistir ao filme, você observa como é difícil encarar essa realidade, mas que, se houver consciência e inteligência emocional, será mais aceitável no fim.

No percurso natural, os pais sempre acreditam que morrerão antes de seus filhos. Essa parece ser a forma mais lógica, afinal os filhos vieram depois e são mais jovens. No entanto, quando há uma doença no caminho, o cenário pode se inverter ou ser encurtado.

Tal como a história da personagem de *Agora e para Sempre*, outro exemplo é o de Amanda. No auge dos seus 20 anos, ela descobriu que sua mãe tinha um tipo de câncer que não permitia cirurgia, pois o tumor se encontrava na região cerebral, e que, mesmo diante de todos os tipos de tratamento, a vida dela teria um tempo mais curto.

Mesmo sabendo disso tudo, Amanda precisou assimilar que nessa história, independentemente do tempo que demorasse o desenrolar da doença, ela teria que se despedir de sua mãe muito antes do que desejara. Esses prognósticos nos chocam, mas nos fazem mais fortes.

Segundo Amanda, ela ficou por muito tempo sem saber ao certo que escolhas fazer para sua própria vida. Tinha planos, desejos, mas receava levá-los adiante, pois não sabia quanto tempo ainda teria para estar com sua mãe.

Só que a vida não para nem freia seu ritmo para que sejamos mais fortes ou que tenhamos mais tempo. A caminho do tratamento, Amanda descobriu que passara no vestibular em uma cidade bem distante de sua de origem e, em vez de não aceitar a vaga para ficar com a mãe, ela decidiu dar prosseguimento ao seu sonho e se mudou para estudar.

Por muitos meses, a vida seguiu. A mãe de Amanda continuou o tratamento, e ela continuou estudando e lidando com a distância e com o sentimento de culpa. Até que, por fim, Amanda se deu conta de que, estando ao lado da mãe, não poderia amenizar sua dor ou fazer a doença recuar ou até mesmo sumir. Adiar seus sonhos apenas a faria se sentir mais presente, mas não mais feliz por isso.

Após quase dois anos do primeiro diagnóstico, a mãe de Amanda faleceu, e ela foi corajosa em dar prosseguimento à sua vida, julgada por alguns, admirada por outros. Amanda colocou em prática a arte de desapegar e entendeu que suas escolhas não salvariam sua mãe, mas a levariam mais próximo do seu sonho pessoal — coisa que poderia até não mais acontecer se tivesse optado por ficar ao lado da mãe, doente, vivendo seu sofrimento e sofrendo junto.

Escolhas assim não são fáceis, mais até por conta da opinião dos outros, que julgam essas escolhas a partir dos seus paradigmas e pontos de vista pessoais. Para cada um, há uma verdade diferente, e devemos respeitá-las!

Esse resumo do desapego na família é apenas um exemplo entre tantos casos da vida real, mas certamente há milhares deles. Uns viajam e experimentam, por onde passam, novos sabores e ideias que não os trarão mais de volta. Outros viajam e sentem que o melhor mesmo é estar em casa, no ninho. Uns casam e saem de casa. Outros casam e não se afastam dos pais. Uns não casam e preferem estar sempre no almoço de família todos os dias. Outros também não casam, mas são visitas na casa dos pais aos fins de semana.

Para cada história, há um aprendizado. Para cada aprendizado, uma essência. O que precisamos mesmo é observar como somos, para então avaliarmos como queremos lidar com as situações em que a vida nos cobra o apego ou o desapego. E, na hora de fazermos uma escolha, verificarmos também qual desses dois nos proporcionará a reação mais positiva.

Chorar na hora de uma partida, seja ela em vida ou não, é inevitável. Lamentar-se e não seguir em frente é opcional. A escolha em se fechar para a vida e para o mundo ante algo que talvez não fosse o esperado é estupidez. Há muito a aprender enquanto você estiver neste mundo de ilusões. O correto é encarar essas possibilidades de crescimento e seguir em frente.

Nas amizades

Dizem que uma amizade verdadeira não se baseia em viver e permanecer sempre junto dos amigos e sim em, eventualmente, estar separado fisicamente e nada mudar. Eu também acredito nisso. Quem constrói uma verdadeira relação de amizade carrega esse sentimento com tamanha veracidade que, tal como em uma família, nem a distância nem as grandes mudanças ocasionadas pela própria vida poderão diminuir o afeto ou mudar a relação.

Estar presente fisicamente na vida de uma pessoa não faz necessariamente uma relação ser verdadeira ou durar "para sempre", mas a essência das boas relações está na confiança e no sentimento de amor incondicional e do respeito, que são construídos e nutridos de forma verdadeira.

Muitas vezes, nosso desejo de ter as pessoas de que gostamos ao nosso redor constantemente nos faz lidar de forma ruim com os percalços e distanciamentos ocasionados por diversas situações.

Nem sempre conseguimos manter a rotina estabelecida em um grupo de amigos, pois a vida segue. Uns passam a estudar em outros períodos, outros em cidades diferentes ou até mesmo em outros países; uns se casam, outros não se casam, mas namoram; uns têm filhos após se casarem, outros não. Para cada situação, há justificativas que nos levam a crer que as coisas mudaram. No entanto, mesmo dentro desse cenário, amigo que é amigo respeita a mudança, a encara com tranquilidade e passa, mesmo distante, a se fazer presente de outras maneiras.

Aquela necessidade de ter o amigo de infância lado a lado passa ou se transforma, como naturalmente se transformam todas as relações. Sentir falta e perceber a ausência é natural. Sofrer e viver numa inércia ou nostalgia por conta disso é que não é.

Você conseguiu perceber o quanto nós nos apegamos a tudo? Fomos educados dentro de uma cultura do apego. O ocidental age dessa forma devido a uma diversidade cultural. Para quebrar determinados condicionamentos, precisamos alterar a forma como alguns comportamentos preestabelecidos foram inseridos em nosso inconsciente, começando por aceitar que todo ser humano tem fases e se desenvolve por meio de ciclos e grupos diferentes.

Em cada um deles construímos laços. Alguns duram a vida toda, outros não, mas nem por isso foram menos importantes. As amizades construídas e desfeitas pelo tempo e pelo distanciamento não se tornaram menos significantes por já não serem como antes. E, diante do avanço tecnológico do século XXI, temos um fator positivo que contribui bastante para mantermos contato com quem já esteve mais presente em nosso convívio um dia: ferramentas conhecidas como "redes sociais".

Orkut, Facebook e afins nos deram a possibilidade de estarmos presentes, ainda que de maneira virtual, na vida de todos os nossos colegas e amigos de uma vida.

Reveja as pessoas que estão somadas aos seus amigos em seu perfil nas redes sociais. Quantas delas você realmente vê? Para quantas você liga ou manda mensagem instantânea pelo celular? Eu sei que são poucas! Pois, assim como você, nem comigo nem com nenhuma pessoa que leia este livro é diferente. Temos centenas ou milhares de conhecidos e uma dezena (talvez) de amigos próximos com os quais convivemos fisicamente. Mas e daí? Eu me lembro de momentos compartilhados com muitos dos que estão em minha página.

Lembro-me de colegas do jardim de infância, do ginásio, do colégio e da faculdade. Lembro-me dos que conheci em viagens, nas academias onde treinei, nos cursos que fiz, nos locais onde trabalhei. São tantas as pessoas que conhecemos na vida, que é delicioso poder acompanhar, depois de tanto tempo, como elas estão, o que fizeram de suas vidas, em que se formaram, com o que trabalham, se já constituíram família, entre tantos acontecimentos.

Ficamos felizes por vermos quem gostamos também felizes. Ficamos felizes com o sucesso do outro e em encorajá-los quando percebemos que estão passando por momentos tristes. Ficamos felizes em comemorar quando há novas conquistas e em sermos solidários quando há perdas, mesmo virtualmente.

O apego nos faz muito egoístas. E, em se tratando de amizades, temos que ter ainda mais cuidado. Muitas pessoas perdem um amigo leal por ciúmes. Na verdade, perdem um amigo pelo medo de perder. Esse é o conceito mais forte do apego. Quanto mais apegado você for a alguma coisa ou a alguém, maiores serão as chances de ocorrer a perda, pois a vida se encarrega de mostrar-lhe que o apego é, como diz Hilsdorf, "uma âncora". E o ser humano não consegue ficar ancorado por muito tempo.

Então, ou você se dará conta de que manter algo por apego é perda de tempo, ou a vida vai lhe dar mostras de como fazê-lo desapegar, com ou sem dor!

Construa suas amizades ciente de que elas podem, ou não, durar "para sempre" com ou sem a presença física. Por esse motivo, não sofra quando alguém de quem você gosta muito não estiver próximo fisicamente.

Aprenda a criar laços eternos sem precisar viver ao lado das pessoas. Crie laços, não nós! Laços que podem ser afrouxados, mas nunca desfeitos. Acho que esse é um bom caminho para relações de amigos.

Aos bichinhos de estimação

Nós nos apegamos a eles, e eles a nós. Podemos dizer que bichos de estimação são como pessoas. Tornamos sua presença necessária e, mesmo que a vida de um animalzinho seja curta em relação à vida de um ser humano em expectativas naturais, nos apegamos tanto a eles que, no momento em que se vão, a dor é quase tão grande quanto a de perder um familiar querido.

O tempo de vida de um cão ou de um gato não passa dos 20 anos (com algumas exceções). O ser humano pode passar dos 100 anos de vida, o que, numa matemática rápida e fácil, nos faz perceber que, se ganhássemos um gato ou um cachorro em nosso nascimento, ele viveria apenas 1/5 da nossa vida ao nosso lado.

Isso significa que, para uma pessoa que chegasse a viver 100 anos, ela teria uma média de cinco bichinhos de estimação — isto se ela adotasse ou comprasse um sempre que o outro morresse (levando-se em conta mortes naturais). Existem animais, como o elefante, que chegam a viver aproximadamente 100 anos, mas você não terá um elefante dentro de casa.

Assim que você compra ou adota um bichinho, sabe que, cedo ou tarde, ele poderá não estar mais ao seu lado. E como é difícil e doloroso saber que ele não viverá para sempre. Um ser tão cheio de vida e de amor para dar gratuitamente.

"O cachorro é o melhor amigo do homem", diz o ditado. E eu acredito nisso. É fiel, está sempre por perto, defende. A dependência dos cães em relação aos seus donos torna essa relação muito forte. Talvez os animais se tornem muito mais próximos e fiéis aos seus donos justamente por precisarem deles. E às vezes recebem bem menos do que têm a oferecer.

Esse amor incondicional dos pequenos por nós acontece justamente porque eles dependem do ser humano para seguir vivendo. Não só do afeto, mas também porque é o ser humano que o alimenta. O animal de estimação respeita isso e agradece com sua fidelidade e parceria.

Desapegar-se dos bichinhos quando estes estão prestes a partir é duro. A dor é imensa. Uma companhia gratuita e sem cobranças excessivas é o que eles nos oferecem, por isso é tão triste quando se vão. E quase sempre os bichinhos partem antes de seus donos, justamente por sua expectativa de vida ser tão curta.

Já vimos e lemos histórias sobre pessoas que adoecem ou morrem logo depois que seus parceirinhos, geralmente os de quatro patas, se vão. Há outras, no entanto, que demoram a compreender a ausência daquele companheiro inseparável, mas, com o tempo, a vida cura essa dor e logo esse humano consegue arrumar um novo companheiro para lhe dar afeto por mais uns 20 anos. O outro bichinho que se foi nunca será esquecido, mas o novo que chega passa a preencher o coração com novas alegrias.

E quando a dificuldade do desapego é invertida? O que acontece quando os bichinhos não conseguem viver sem o dono?

Basta nos lembrarmos da história de Hachiko, um cão da raça Akita, que diariamente acompanhava seu dono até a estação de trem na cidade de Odate, no Japão. O dono do cãozinho era um professor, que todos os dias viajava até a cidade onde dava aulas. Após ter encontrado Hachiko abandonado em uma caixa de papelão próximo à estação de trem e o ter adotado, o cão o acompanhava todos os dias ao trem e depois voltava para casa sozinho.

Ao fim da tarde, o bichinho retornava à estação para recebê-lo, demonstrando sua lealdade e seu amor. Um dia, o professor não retornou do trabalho. Por ser um cão, Hachiko não entendia essa ausência e, por anos, manteve a mesma rotina: diariamente ia à estação na esperança de reencontrar seu dono, até que morreu ali, em frente ao lugar em que esperava seu parceiro.

Essa história foi transformada em filme e emocionou milhares de espectadores, assim como a história de um cão da raça labrador chamado Marley, que foi adotado por um casal de recém-casados. A trajetória de vida do cachorro acompanha à desse casal, que tem filhos, se muda de cidade e muitas vezes se cansa das atitudes do labrador, que, devido a características próprias de sua raça, é brincalhão e bagunceiro. Na história — verídica como a de Hachiko —, o casal pensa em se livrar do cachorro em vários momentos, mas nunca consegue.

O amor supera as travessuras e, depois de onze anos de vida compartilhada, o momento de dar adeus ao companheiro chega e é difícil, ainda que o casal saiba que a morte vem para todos.

O apego é gerado pelos laços de amor que estabelecemos com as coisas e com os seres vivos. Um apego às memórias geradas pelos momentos vividos com um objeto, com uma pessoa ou com um animal de estimação. São sentimentos que nos unem, mas que também nos separam. Apegar e desapegar são mesmo uma arte.

É preciso aprender a melhor forma de colocá-la em prática, ante todas as situações que a vida nos apresenta. Desapegar é como um teste, pelo qual todos passarão.

Certa vez, li uma mensagem em uma rede social, que tem tudo a ver com parte do que abordei neste capítulo. A mensagem serve para nos ajudar a valorizar o tempo que temos com nossos bichinhos de estimação e entender que parte do apego que eles têm por nós está relacionado à necessidade que os animais têm de expressar seu carinho. No texto transcrito a seguir, um cão "escreve" para seu dono. Lendo a mensagem, podemos imaginar que eles realmente se sentem assim.

Meu amado dono, minha vida deve durar entre dez e quinze anos, já estou com alguns anos. Qualquer separação é muito dolorosa para nós. Não fique zangado por muito tempo e não me prenda em nenhum lugar como punição. Você tem seu trabalho, seus amigos e suas diversões. EU SÓ TENHO VOCÊ! Fale comigo de vez em quando. Compreendo muito bem o seu tom de voz e sinto tudo o que você está dizendo. Ficará gravado em mim para sempre, jamais esquecerei. Antes de me bater por algum motivo, lembre-se de que tenho dentes que poderiam feri-lo seriamente, mas que jamais vou usá-los contra você. Jamais! Antes de me censurar por estar preguiçoso ou teimoso, veja antes se há alguma coisa me incomodando. Talvez eu não esteja me alimentando bem. Posso estar resfriado ou, ainda, meu coração pode estar ficando mais fraco. Cuide de mim quando eu ficar velho e cansado. Por favor, NÃO ME ABANDONE! Tudo é mais fácil para mim com você ao meu lado. Me ame, pois, independentemente de qualquer razão, eu o amarei para sempre!

Preceito moderador

Ter uma atitude desapegada não lhe dá o direito ao abandono. Abandonar um animal não é demonstração de desapego, mas um ato de crueldade. Acredito que esse preceito serve tanto para animais como para crianças, que nem sempre são desejadas. É triste ver milhares de cães e gatos largados à mercê da sorte, pelas ruas, principalmente por serem tão indefesos. A pessoa que os abandona sabe exatamente o fim daquele serzinho, só não quer assisti-lo.

Ver filhotinhos recém-desmamados largados é o mesmo que acreditar que quem fez isso faria o mesmo a qualquer ser vivo. Não há justificativas. Não há desculpas. Dizer que a mamãe gata ou a mamãe cadela ficou prenhe sem o consentimento do dono é assumir ainda mais sua ignorância, uma vez que todos sabem que há mutirões de castração gratuitos para evitar essa situação.

Dizer também que a mamãe apareceu em sua casa para ter a cria e que você não poderia ficar com ela é mais uma vez assumir sua ignorância, pois há centenas de grupos que promovem adoções, então bastaria levar os filhotes a essas casas, contribuir com elas de alguma forma e destinar os filhotes a quem pudesse recebê-los.

Então, repense aqui: como você agiria nesses casos? Responda para si mesmo. Sempre há tempo de mudar sua intenção, melhorando, assim, sua atitude.

2
Apego material

"O apego às coisas materiais é
um sinal notório de inferioridade,
porque, quanto mais o homem
se prende aos bens do mundo,
menos compreende sua destinação."

Allan Kardec

Quem nunca teve problemas para emprestar aquele brinquedo que ganhou do avô no Natal? Quem nunca teve dificuldade para deixar o melhor amigo dar uma volta no carro novo? Quem nunca reclamou porque o irmão pegou aquela camiseta xodó do armário e a devolveu suja e amarrotada?

Pois é! Que pare de mentir quem nunca fez tais coisas, pois não conheço um único ser que, em alguma da fase da vida, não tenha tido apego a algo de que gostasse muito e que não emprestaria nem com reza brava.

Se o apego a pessoas, a sentimentos, a momentos já são questionáveis, imagine, então, o apego a coisas materiais? No entanto, é preciso sabermos que o apego começa mesmo assim: com algum objeto que não dividimos por ciúmes, por medo de que quebrem ou por qualquer outro motivo particular.

O "é meu" é uma das primeiras expressões repetidas pelas crianças. Poucas são aquelas que desde pequenas entendem que dividir é mais saudável do que ter o todo para si. E talvez o "é meu" seja apenas um reflexo do "é para você".

Ora! Se ganho algo que foi um presente dado a mim, então tal coisa é minha! Perceba como esse simples pronome pode alterar muito o comportamento de uma pessoa. Se os pais, ao darem um presente para o filho, o entregasse dizendo "filhinho, essa bola é um presente para você usar com seus amiguinhos", "filhinha, olha que boneca tão legal. Use-a com sua amiguinha e brinquem bastante", provavelmente a formação das atitudes dessa criança, a médio e a longo prazo, se alteraria. Ela conseguiria pensar mais em compartilhar do que em somar brinquedos e, consequentemente, o apego ao objeto se tornaria muito menor.

Digo "muito menor", porque é difícil prever a reação do indivíduo quando ele passa a conquistar as coisas que deseja por meio do seu próprio esforço. Quando adolescente ou jovem, ele ganha presentes e normalmente gosta de expor aos amigos. Nessa época, o indivíduo não tem dificuldade de emprestar tais coisas, mas, quando consegue comprar algo, emprestar se torna um ato mais difícil, pois a pessoa sabe o esforço que teve de empregar para conseguir o objeto em questão.

Outra forma de praticar o desapego é desfazendo-se daquilo que não lhe serve mais. Afinal, há energia parada em coisas paradas, e a energia só se renova circulando. Outro grande problema que vejo em pessoas que têm o hábito de acumular objetos e coisas materiais em demasia é que, quando passarem dessa para outra, restará para quem ficar o trabalho de se desfazer de tais coisas. Restará o partilhar, a venda, a doação. E convenhamos que é um trabalho bem cansativo.

É claro que já houve um tempo em que ter muitas coisas era sinônimo de grandeza, *status*, nobreza, mas será que essa é a melhor forma de ostentar a riqueza na vida? Comprando, esbanjando dinheiro com coisas fúteis e juntando coisas em excesso?

Prataria, sapatos, relógios, bolsas, camisas, calças, meias, louça, carros, motos, tênis, eletrodomésticos. Quanta coisa para acumular! A publicidade e a propaganda surgiram dessa necessidade de as pessoas consumirem mais e mais, e, hoje, tudo à nossa volta é fruto desse desejo desenfreado de "ter".

Mas o que você tem não resume quem você é. Ao contrário! Normalmente, somos julgados por aquilo que mostramos e não por aquilo que realmente somos. E quantos enganos ocorrem por conta dos prejulgamentos? Pessoas que gastam o que não têm para aparentar algo que gostariam de ser, mas que no fundo não podem. E pessoas que têm como gastar e por isso esbanjam, mas que, certamente, poderiam viver com muito menos sendo tão ou mais felizes.

Enfim, somar coisas nunca foi sinônimo de felicidade. Não que as pessoas devam — se têm condições financeiras — viver mal, apenas para não sustentarem uma imagem de luxo. É preciso ter conforto.

Sem dúvida, dinheiro ajuda muito em muitas coisas. O problema está em saber usá-lo e não apenas utilizá-lo para mostrar aos outros o que você conquistou para si mesmo. Infelizmente, há pessoas que não sabem usar o dinheiro da forma correta. Usam-no para esnobar, enriquecer e até para menosprezar os outros, quando, no fim, todos irão embora tal como vieram ao mundo: limpos e sem nada.

Aí eu pergunto: para quê tanto? Por que não apenas o suficiente para viver bem da forma como se desejar viver? Qual é o propósito de somar tantas riquezas materiais?

Não pense que sou uma daquelas pessoas que não compram nada e que condenam o consumismo. Seria hipocrisia se eu fizesse você acreditar nisso. Não! Eu gosto de comprar coisas e, normalmente, se compro, prefiro comprar o bom e o caro, mas não faço isso para ostentar ou para me exibir. Ao contrário. Como diz o escritor DeRose, eu "compro coisas caras justamente porque não sou rico".

Sabemos que o que é caro se torna um bem durável. Certamente, você faz um investimento hoje que não precisará repetir por anos.

E este é para mim um tipo de consumo que vale a pena.

Outro agravante para quem tem bens demais — sejam eles duráveis ou não — é que, se um dia a pessoa quiser viajar para um ano sabático, se mudar de cidade ou até mesmo de país, ou quando resolver que está na hora de se juntar a alguém, terá o trabalho de dividir, se desfazer ou simplesmente deixar tudo para trás.

Imagine como seria se você resolvesse mudar de país. Essas decisões normalmente vêm acompanhadas de algo emocional. Pode ser um desejo de algo novo, o término de uma relação, a demissão de um emprego, não querer mais morar com seus pais, querer estudar em outro lugar; enfim, algo vai empurrá-lo na direção daquilo que você sempre quis fazer, mas que, para dar o primeiro passo, lhe faltava coragem.

Quando uma pessoa toma uma decisão como essa, é preciso que ela defina o que vai e o que fica durante o planejamento. Os preparativos para qualquer partida envolvem perceber como se desapegar das coisas, sem que isso vire uma sessão de nostalgia, mas sim um sopro para a novidade. E todos percebem que somam coisas demais quando decidem sair da zona de conforto.

Para recomeçar é preciso se desfazer de tudo. Dezenas de coisas não são mais usadas há muito tempo, mas as pessoas têm forte relutância em doá-las. Sem dúvida, é nesse momento que elas pensam na quantidade de coisas que acumularam, e separar aquilo que será útil no seu destino é essencial na hora de desapegar.

Após definir para onde se mudar, é importante decidir o que você precisa manter em sua mala e aquilo que não faz sentido levar. E, quando isso estiver definido, então é o momento da triagem. Aquilo que não faz mais sentido você manter pode ser destinado a um bazar. Venda tudo o que não lhe serve mais! Com o dinheiro arrecadado em seu bazar, você poderá ficar em seu destino pelos meses iniciais sem se preocupar e assim estará colocando em prática a verdadeira arte de desapegar.

No início, ao ver pessoas se interessando por suas coisas, a sensação de apego virá à tona. Você vai se lembrar do que o fez gostar daquilo a ponto de comprá-lo e em que momento adquiriu tal coisa, mas, depois de algumas semanas, já estará até dando coisas que não haviam saído no bazar. Essa é uma sensação de alívio grande. Você se sentirá tão leve que carregará consigo essa sensação para sempre, além de perceber que não precisa de muita coisa para viver e ser feliz e que o "ter" em excesso é apenas uma ilusão. A vida não está naquilo que você tem, mas sim naquilo em que você se transforma ao não precisar mais dessas coisas.

Desapegar promove uma experiência incrível. Passar por esse tipo de situação uma vez na vida é essencial para que possamos definir o que é realmente importante para nós: se ter coisas ou se somar experiências.

"O curso da história é marcado por muitas pessoas, cuja motivação, em algum momento, se deslocou da obtenção de riqueza e de coisas materiais para a busca do sentido e do propósito da vida."

Joseph Nowinski

Reflita por alguns instantes e escreva nas linhas abaixo suas respostas. Em seguida, reveja o que escreveu, pontuando que tipo de atitudes você pode tomar para colocar em prática o início deste exercício, que envolve desapegar-se de algumas coisas que você possui.

- Quantas coisas o prendem nesta vida?
- Tudo o que você possui é útil?
- Tem algum sentido manter tais coisas?
- Vale a pena acumulá-las?
- Ajudaria outras pessoas?
- Você poderia fazer alguém feliz se doasse parte do que tem?
- Gostaria de tentar?

Se você respondeu "sim" na última questão, é provável que precise de algumas dicas para conseguir colocar essas ações em prática. Então, vou oferecer-lhe mais alguns pontos de vista para analisar:

- O que o prende nesta vida são coisas ou pessoas? Se são coisas, lembre-se: você nasceu sem absolutamente nada e morrerá sem poder levar nada. Então, vale mesmo acumular essas coisas?

- Se você tem coisas guardadas há mais de um ano e não as utilizou, certamente essas coisas não lhe são úteis. Portanto, repense se vale a pena mantê-las guardadas por mais tempo.

- Acumular coisas devido a uma falsa necessidade é fazer com que muita energia fique parada. Junta bicho, ocupa espaço, mantém sujeira. Já pensou em quantas pessoas podem ficar felizes ao receber algo que você nem lembrava que tinha? O sentimento de generosidade é tão gratificante que, a partir do momento que você começar a doar coisas que não usa mais, passará a fazê-lo com constância.

3
Apego ao corpo físico

"Toda vida termina na morte e,
nem por isso, a morte é o
objetivo de ninguém.
É o que a gente faz entre uma
coisa e a outra que realmente importa."

Paula Abreu

Ao ler o título deste capítulo, pode parecer-lhe até que estou fazendo uma apologia ao descuido com o corpo, não é? Ah, já que o corpo não dura para sempre, então vamos abusar dele! A lei do desapego não preconiza isso? Não! Seu corpo é seu invólucro, sua fortaleza. Na verdade, ele é até mais que isso: é sua casa! E você não deixa sua casa de qualquer jeito. Suja, com tudo largado pelos cantos e desarrumada. Você mantém sua casa minimamente habitável, já que é ali onde você tem um momento só seu.

Seu corpo precisa ser tratado com o mesmo carinho e cuidado. É com ele que você chega aonde deseja e é por meio dele que conquista seus objetivos, o que não significa que você deva ficar escravo de sua forma física. Você deve respeitar seu corpo, cuidá-lo e protegê-lo, mas não deve viver para isso, assim como não deve viver exclusivamente para limpar sua casa.

Se isso estiver acontecendo, é provável que você tenha um transtorno, tal como o TOC, e precise do auxílio de um profissional especializado, que possa analisar seu comportamento e determinar se há nele algum transtorno ou não.

O corpo é um presente que você recebeu quando nasceu. Por essa razão, você deve, desde este momento até o último sopro, priorizar sua saúde, sua energia, seu reforço muscular e tudo o que possa ser feito para mantê-lo saudável por muito tempo. Hoje em dia, há muitas possibilidades para isso e as pessoas estão mais atentas a essa importância, buscando, assim, muitas formas de cuidar da saúde, antes que precisem de tratamentos médicos.

Quando falo que há muitas possibilidades, não me refiro a passar horas na academia, enrijecendo os músculos ou esculpindo o corpo. Isso é legal, mas não é sinônimo de vitalidade.

Em meu ponto de vista, isto é sinônimo de apego. Apego a um conceito e a um padrão. Talvez muitos nem percebam que estão apegados. Muitas pessoas podem dizer que gostam dessas atividades, e devemos respeitá-las. Eu também faço minhas atividades físicas, visando manter meus quilos equilibrados e cuido do que vejo no espelho. O problema não é esse. O problema é quando isso se torna sinônimo de como a pessoa se sente.

Você não pode ser escravo do seu corpo. Você deve se amar acima de tudo, mas não apenas amar a forma, mas também a essência. E mais que isso: amar a condição de estar vivo, tendo a oportunidade de experimentar tudo o que a vida pode proporcionar-lhe, mesmo que isso signifique ter que reaprender a gostar de si sob novas condições. E é aqui que eu entro com o propósito do desapego ao corpo!

1. Se você sofresse um acidente e, ao tomar consciência disso, percebesse que não tem mais um dos membros do seu corpo ou que perdeu seus movimentos? É trágico, eu sei. Desculpe-me se essa pergunta lhe pareceu tão forte a ponto de incomodá-lo.

Na verdade, eu quero isso mesmo: gerar certo desconforto sobre esse ponto de vista, a fim de fazê-lo refletir! Já imaginou como você reagiria? Sabia que muitas pessoas (muitas mesmo!) passam por isso diariamente em nosso planeta? Não que todos os dias a mesma pessoa acorde com um membro a menos, mas todos os dias milhares de pessoas se deparam com essa nova condição.

Consultando algumas pesquisas pela internet, cheguei à informação de que 8% da população do Brasil, na faixa etária entre 30 e 70 anos, sofre amputação de membros, seja por doenças ou acidentes. A população do nosso país gira em torno de 201 milhões de pessoas. Sabe o que são 8% disso? Cerca de 16 milhões de pessoas, que tiveram que se adaptar a uma nova realidade.

Aprender a desapegar-se de algo que fazia parte de você e do qual nunca viveu sem deve ser muito complicado. Sem dúvida, é uma grande lição de vida. Mas a maior lição que essas pessoas nos dão é que, mesmo diante de todas as dificuldades, é possível seguir vivendo e feliz nesse reaprendizado. Tudo vai depender de como você encara o desapego.

Em uma situação como a apresentada acima, acompanhamento psicológico, médicos, amigos, família, tudo isso é importante para uma pessoa, pois se trata de sua base de apoio. E, assim como ela precisaria se adaptar a uma nova condição, os que estão à sua volta também teriam a mesma necessidade.

No entanto, pouco adiantaria se, internamente, a pessoa não aceitasse sua nova realidade. A aceitação a coloca mais perto de sua evolução como indivíduo. E ainda é possível contar com a medicina e a tecnologia, que, andando juntas, avançaram muito e podem oferecer grandes possibilidades em situações como essas.

Mas vamos rever alguns exemplos:

- Christopher Reeve, ator norte-americano conhecido por estrelar o personagem Super-Homem na década de 1970, caiu de um cavalo, quebrou duas vértebras cervicais e ficou tetraplégico. Nada do pescoço para baixo se mexia mais. Ele viveu assim por quase 10 anos. Certamente, o que o manteve vivo foi sua vontade de viver.

- O físico Stephen Hawking também é um grande exemplo. Ele nasceu com uma doença congênita e descobriu, ainda jovem, que, como resultado dessa doença degenerativa, todo o seu corpo ficaria paralisado e que a única coisa que seguiria funcionando seria seu cérebro. Todos os músculos e nervos do corpo de Hawking parariam de funcionar, fato este que, inclusive, poderia levá-lo à morte. No entanto, sua vontade de viver e sua inteligência eram tão grandes que o transformaram em um grande exemplo de superação e desapego. Assista ao filme *A teoria de tudo* (*Theory of Everthing*) e veja que exemplo lindo.

- Fernando Fernandes, modelo, ficou conhecido no Brasil por participar de um reality show e namorar atrizes de uma grande emissora do país. Um dia, ele voltava de uma festa para sua casa, quando sofreu um acidente de carro que o deixou paraplégico. O modelo já não mais poderia contar com suas pernas. Vaidoso, Fernandes deu várias entrevistas sobre como precisou superar esse ocorrido e sobre como foi difícil aceitar e entender sua nova condição no início. Hoje, ele é um atleta paraolímpico, dedica-se com disciplina ao caiaque e tem competido desde que percebeu que era possível seguir em frente.

- Lars Grael, iatista, foi atingido por uma lancha em alto-mar. Ele perdeu uma perna, mas deu a volta por cima, retornou às competições e até entrou para a política.

- Herbert Vianna, o líder da banda brasileira Paralamas do Sucesso, caiu com um ultraleve e também perdeu o movimento das pernas. No entanto, ele demonstrou uma positividade incrível e rapidamente voltou aos palcos.

- Marcelo Yuka, baterista da banda O Rappa, levou um tiro durante um assalto e perdeu os movimentos dos membros inferiores. Não está mais na banda, mas segue compondo.

- Aos 20 anos de idade, Marcelo Rubens Paiva sofreu um acidente ao dar um mergulho em um lago. Ele fraturou uma das vértebras da cervical, quando se chocou com uma pedra. em um incidente que o deixou tetraplégico. Foi apenas por meio de muitos tratamentos que ele finalmente conseguiu recuperar os movimentos dos braços e das mãos. O garoto de 20 anos, que visava à carreira de engenheiro, passou então a escrever e fez desse novo ofício sua profissão até os dias de hoje. O escritor tem uma série de títulos publicados e seu livro *Feliz Ano Velho*, de 1982, virou peça de teatro e filme, além de ganhar prêmios diversos. Hoje, Rubens Paiva ainda escreve e dirige suas próprias peças.

Esses são apenas alguns exemplos de histórias de superação e desapego. Citei essas pessoas, por terem evidência na mídia e, por essa razão, conhecermos suas histórias (mas há centenas de desconhecidos que passam pelo mesmo processo constantemente).

Essas pessoas tiveram que passar por um reaprendizado na vida em função das deficiências que ganharam em seu corpo, fazendo-nos parar e analisar:

- Como seria a minha reação se eu passasse por uma situação como essa?
- Como eu lidaria com essa nova condição do meu corpo?
- Eu seguiria vivendo feliz, alegre?
- Levaria minha vida de uma maneira normal, mesmo que tivesse de reaprender a fazer muitas coisas?
- Será que você alguma vez parou para pensar nisso?

Pare alguns instantes para responder essas perguntas. Escreva suas respostas e as releia.

Acho que a última pergunta é a mais pertinente, até porque nós nunca achamos que algo de ruim acontecerá conosco. E conhecendo a lei de atração, o bom mesmo é não focar nossa energia em algo ruim, não é? Vamos torcer para que realmente não precisemos passar por isso. No entanto, aproveitando o ensejo, analise como você reagiria se isso acontecesse e responda a si mesmo: será que sou mesmo desapegado a ponto de conseguir lidar com essa possibilidade? Deixo a resposta para você.

2. A segunda proposta de reflexão é pensar sobre aqueles que já nascem com uma condição especial. Pessoas portadoras de alguma deficiência — seja ela qual for —, que, desde o nascimento, se adaptaram e aceitaram essa condição. Você acha que elas são mais desapegadas que as do exemplo anterior? Bem, talvez. Quem sou eu para julgar?! Acredito que, se essa mesma pessoa questiona, uma vez que seja, como seria sua vida se tivesse nascido perfeita, isso também é uma forma de apego, pois ela está presa a um desejo de ser diferente do que é.

3. Quando o corpo morre. Bem, neste caso, não há mais o que fazer!

4

Apego à vida profissional

"Mentir para si mesmo é a única
forma que o ser humano tem de
suportar seus próprios fracassos."

Mariana Beluco

Aos planos e às metas

Assim como nós nos apegamos a coisas e pessoas, nos apegamos também a desejos e vontades, comportamento este que pode contribuir para estagnar a evolução pessoal do indivíduo e fazê-lo perder novas e boas oportunidades.

Conheço alguns casos para ilustrar o que quero dizer com "estar apegado a planos e metas". Um deles é o daquela pessoa que deseja tanto passar em concursos públicos que esquece que há vida durante o período de estudos e abdica de todo e qualquer momento de lazer.

Não quero que isso faça o leitor pensar que estudar não vale a pena ou que se dedicar pouco àquilo que se deseja deixará de contribuir para que o que é almejado seja conquistado. O que quero dizer é que para tudo deve haver moderação e equilíbrio.

Horas e horas de estudo sem pausas, sem momentos de assimilação do que está sendo estudado, não vão garantir um resultado excelente, pois nosso corpo precisa de pausas para viver outras coisas, como uma boa refeição ou uma tarde de lazer assistindo a um filme. Não sou eu quem está dizendo isso. Pesquisas mostram que há um "passo a passo" referente a ações a serem tomadas para os que desejam passar em concursos ou vestibulares.

Um passo a passo que mostra que não é necessário viver exclusivamente para isso e que adotar uma atitude moderada é o mais saudável.

O que diferencia quem obtém ou não um bom resultado em um concurso ou no vestibular é exatamente o planejamento do dia para a conquista do objetivo. No site Guia do Estudante há relatos de várias pessoas que afirmam que a criação de uma rotina de estudos contribui para não acumular o conteúdo a ser estudado.

Além disso, dizem que é bom dispor de uma média de 12 horas por dia, no máximo, para a prática do estudo, incluindo o tempo passado na escola ou no cursinho. Isso nos mostra que, para um bom estudante, ainda restam mais 12 horas para ele usar para descansar, se distrair, praticar esportes, se alimentar e dormir bem.

Entre as sugestões que li para aqueles que desejam conquistar uma meta que dependa exclusivamente de sua própria dedicação, destaco uma: manter-se motivado! De nada adianta estudar por estudar, se nesse processo não houver o fator que o conduza emocionalmente a essa meta. Os bons resultados virão disso: da certeza de que você realmente quer chegar a um lugar que dependa desse esforço. Como os estudantes de medicina, por exemplo, que sabem que a maior parte das universidades federais do Brasil têm poucas vagas e inúmeros concorrentes.

Mas aonde eu quero chegar com isso? Na verdade, o que me fez escrever sobre o assunto foi ter observado o caso de pessoas que estudam para prestar concurso público, por acreditarem que, ao conquistarem uma vaga (e alguns prestam concurso para todos os tipos de áreas, sem nem saberem ao certo para onde serão enviados), terão a vida garantida e um salário incrível. Apegados a esse desejo, essas pessoas deixam de viver o dia a dia, indo de prova em prova apenas para conquistar essa meta, sem nem mesmo pensar se é isso que realmente desejam para sua vida profissional.

Conheci uma moça de 25 anos, formada em filosofia, que, desde sua formatura, dedicava dias e dias aos estudos para passar em um concurso público. No entanto, anos se passaram sem que ela conseguisse a vaga que tanto desejava.

Na época em que mantínhamos contato, já se somavam uns bons anos de estudos contínuos e algumas frustações. Ela acabou vendo outras pessoas estudando por menos tempo e tendo melhores resultados que ela e acabou se inscrevendo em vários concursos que já não tinham mais nada a ver com sua área de interesse, apenas para garantir que seu investimento lhe valeria de algo. Aí eu pergunto: isso é ou não é apego?

Quantas oportunidades foram perdidas nesses anos de investimento por conta de uma obstinação? Quantas vagas ela poderia ter conseguido em empresas privadas, que lhe proporcionariam uma ascensão a cargos mais altos ou mais interessantes, se tivesse dedicado o mesmo tempo dos estudos a uma carreira muito bem remunerada e talvez com ótima participação nos lucros da empresa? Quantas viagens, novos amigos, ou aquisições deixaram de ser feitas, porque o dinheiro ganho tinha um fim específico? Afinal, estudar para concurso custa caro! Os cursinhos são caros, os materiais são caros, as inscrições para as provas são caras.

Será que no fundo o que ela realmente queria era passar em um concurso? Havia mesmo motivação para isso? Ou a ideia fixa a fazia acreditar que aquele era o caminho certo?

Em outro caso, um rapaz abriu mão de ascender na carreira no banco onde trabalhava devido ao mesmo desejo de passar em um concurso. Ele sempre alegava que queria investir seu tempo estudando para um concurso, negligenciando a oportunidade de estudar para as provas internas da empresa. Com essa ideia fixa, o tempo passou, e, quando ele se deu conta, percebeu que poderia estar dentro de uma faixa salarial muito maior no banco e não estava por conta dessa autossabotagem.

Há também aquelas pessoas inflexíveis em relação àquilo que planejaram para seu dia. Por exemplo, aquelas que seguem à risca suas agendas e às vezes não se permitem nem mesmo um lanche no meio da tarde ou um café com algum amigo que não vê há tempos, por não saberem administrar o tempo, ou por apego a ele.

Este capítulo, na verdade, aponta para a necessidade de avaliarmos nossas escolhas. Todos nós devemos planejar a vida e ter metas, pois elas nos movem e nos conduzem para onde queremos chegar. Um indivíduo que prefere ser conduzido pela vida para qualquer direção não é um desapegado, mas sim uma pessoa sem motivação, sem sonhos. E isso é triste, pois o fará simplesmente seguir uma rotina sem desenhar ou mentalizar coisas que poderia conseguir se também focasse sua energia nessa direção.

É preciso, de tempos em tempos, rever nossos planos. Olhar para o que já foi feito e reavaliar se o que foi planejado deve seguir ou se é possível mudar o foco. Para qualquer uma das opções, a resposta deve vir de dentro para fora. As decisões na vida acontecem mediante escolhas e estas são particulares, até porque os resultados são colhidos individualmente.

Aos negócios e à profissão

Quem lhe disse que, por estar numa área profissional, você deva segui-la para o resto da vida? Quem lhe sugeriu que, uma vez determinado seu destino de trabalho, você não tem o direito de optar por outra coisa quando quiser? Ninguém! Ou talvez seus pais tenham dito, um dia, que queriam vê-lo como um grande médico ou um advogado bem-sucedido. Mas será esse o seu desejo?

Desde sempre, nós temos a tendência a seguir certos rumos pré-determinados pela cultura e pela sociedade e, muitas vezes, não questionamos esses rumos ou ao menos argumentamos se existem outros destinos e outras possibilidades. Como dizem: nascemos, crescemos, estudamos, trabalhamos, envelhecemos e morremos. Esse talvez tenha sido o modelo estabelecido pelas gerações passadas e que é seguido até hoje como se fosse um padrão obrigatório. Mas não é!

A Geração Z, que surgiu entre os meados dos anos de 1990 e o início do século XXI, foge (ou tenta fugir) um pouco desse roteiro. Mas, mesmo assim, sofre quando demonstra que não quer estudar para trabalhar para os outros, mas sim estudar para ser um empreendedor. Estamos vendo atualmente isso acontecer com muito mais força. Flávio Augusto da Silva, o idealizador do Geração de Valor, é um grande motivador das pessoas que desejam ser independentes no mercado de trabalho e estimula que os mais jovens e com mais coragem assumam esse desafio de pensar e agir fora da caixa limitante em que nós fomos colocados.

Para isso, o conceito de desapego é extremamente importante. Para ser empreendedor, o indivíduo precisa, antes de tudo, vencer o medo — e o medo é um derivado do apego. Vencer os questionamentos constantes que o acometem, como: "Será que vai dar certo?"; "Será que ainda tenho idade para empreender?"; "Será que vou conseguir me sustentar ou sustentar minha família?". Se eu for listar todas as possibilidades de dúvida, você certamente verá uma lista enorme de perguntas que talvez se faça mediante o desejo de mudar e encarar um desafio profissional.

Mas pense: quando você é um empregado, que acorda todos os dias para cumprir sua rotina programada, que tem hora para chegar ao trabalho e muitas vezes não tem hora para sair, que dispõe de um tempo limitado para curtir seu almoço, e faz tudo isso de maneira rígida ou sistemática por medo de perder seu emprego, as dúvidas não são as mesmas?. "Não posso chegar atrasado, senão vou perder o emprego"; "Não posso atrasar a entrega do projeto, senão perco a credibilidade e a confiança"; "Não posso voltar para a casa no meu horário, pois talvez outro possa pegar meu lugar" etc. Convenhamos, qual dos dois modelos pode lhe garantir sucesso?

Ao investirmos em algo que desejamos e em que acreditamos, por sonho ou instinto, as probabilidades de nos tornarmos pessoas frustradas serão muito menores. Não porque tenhamos certeza de que dará certo, mas porque, se não der, ao menos tentamos. A pessoa que se engessa em um sistema, por achar — ou por terem-na feito achar — que é o caminho mais correto, já está mais fadada a se sentir fracassada do que aquela que ouviu seus desejos e foi atrás deles.

No entanto, ressalvo aqui que não quero generalizar, apesar de parecer. Há muitas pessoas verdadeiramente felizes com o que fazem, com a forma como atuam nas empresas em que trabalham, que dedicam suas horas ao trabalho com prazer e entusiasmo e que, de alguma forma, nasceram para cumprir esse programa de profissão. Empreender é uma maneira de instigar a liderança, e nem todos nasceram para ser líderes. Até porque, se assim fosse, quem colaboraria com o empreendimento de quem toma a frente de fazer algo inovador?

Há na cadeia de negócios os que empreendem e os que trabalham para os empreendedores. No entanto, até nesse sistema, o verdadeiro empreendedor — e líder — não mantém seus colaboradores engessados num modelo, mas os estimula a crescer e a buscar seus ideias, diferentemente de empresas que usam a hierarquia para desencorajar, muitas vezes, os que estão em cargos mais baixos.

Então, aproveite este momento de reflexão e analise:

- Estou realmente atuando na área que eu gostaria?
- Esta é a profissão que eu gostaria de exercer para o resto de minha vida?
- O que realmente me motivaria a acordar com mais vontade para trabalhar e realizar mais?

Se todas as respostas acima receberam um sim, confesso que muitos sentiriam um pouco de inveja de você. Não que isso seja impossível. Muitos descobrem bem cedo aquilo que as realizam e passam a vida brincando de trabalhar, pois o trabalho é pura diversão. Mas essa não é a realidade da maioria das pessoas.

No entanto, se suas respostas foram negativas às perguntas acima e, para complementar, na última delas você ainda respondeu que adoraria estar fazendo outra coisa, então este pode ser o seu momento de pensar. O que seria essa outra coisa? O que, em seu íntimo, você acha que lhe daria prazer em estar fazendo? Será que, talvez por medo de mudar ou receio de julgamentos, você ainda não tomou coragem para promover essa reviravolta em sua vida? Não perca tempo com o medo!

Pergunte para si mesmo: "O que realmente me impede de mudar o rumo e a direção da minha vida profissional hoje?".

Como este livro é seu, seja realmente sincero e escreva abertamente sobre seus medos e suas inseguranças. E, se você identificar que muito do que escreveu tem a ver com o que abordamos sobre apego nos capítulos anteriores, que tal se dar uma oportunidade de desapegar?

5
Apego a lugares

O mundo é muito grande! Tão imenso que é difícil mensurá-lo. Poucos são os que conseguem sair por aí desbravando canto a canto, países e culturas diferentes, sem a garantia do porto seguro. O que não permite essa liberdade a todo e qualquer indivíduo é, na verdade, a falta de coragem. O ser humano é tão acostumado a seguir um padrão de comportamento que não se enxerga saindo da trilha para cometer algumas "loucuras", assim consideradas por alguns.

Largar a universidade, o emprego estável, os pais e a família para viajar? Ou para mudar de país? Ou até mesmo se permitir mudar de curso, de profissão, de casamento. Enfim. Toda nova escolha gera o desconforto da mudança. Para qualquer decisão diferente da habitual, o indivíduo tem de se preparar para o que enfrentará diante do novo.

Quando alguém, por exemplo, decide mudar o curso que está fazendo na faculdade, a ideia de conhecer um novo currículo de estudos pode proporcionar novo fôlego, mais animação. E se houve na pessoa interesse em mudar é porque provavelmente o curso que ela fazia não estava satisfazendo seus interesses e suas expectativas. Dessa forma, quanto antes ela decidir seguir sua intuição para algo diferente, melhor.

No entanto, nem sempre é fácil tomar essa decisão. Estudantes muitas vezes dependem dos pais. E os pais ou os amigos são os grupos que mais promovem a inércia nas mudanças dos membros de seus grupos.

Imagine o que aconteceria se essa pessoa insatisfeita com seu curso investisse suas horas de estudo em algo que a motivasse e lhe desse prazer? Ela conheceria novos estudantes, novos professores, novos horários de aulas, e isso tudo já a colocaria numa situação de movimento interno, fazendo-a ir muito além de onde estava.

Às vezes, parecemos apegados a algumas situações, mas isso não é opcional, e sim fruto do receio de decepcionar alguém que nos é especial. Já ouvi muitos jovens dizerem que não mudavam de curso — mesmo não gostando do que veriam mais à frente na carreira escolhida inicialmente —, porque os pais os queriam dentro de determinado segmento e formados com tal diploma.

No entanto, algumas pessoas anseiam por mudanças constantemente, não conseguindo permanecer por muito tempo diante da mesma coisa. São pessoas inquietas, mas não desapegadas. Para ser desapegada, a pessoa analisa antes se gosta do que está fazendo, seguindo o exemplo dos estudos, ou se o faz porque alguém disse que aquele era o curso que ela deveria fazer.

Quando a pessoa obtém uma resposta diferente, é preciso que tenha coragem para enfrentar o que os outros lhe dirão no momento em que decidir que não quer mais seguir com o curso em questão. É preciso que ela enfrente o descontentamento alheio para viver sua felicidade.

Ou quando acontece de a pessoa ser transferida da empresa em que trabalha para outro país. Essa escolha talvez não seja dela, mas ela a aceita. Mas, até chegar ao próximo destino, a pessoa terá de se despedir de onde está e dar adeus aos que estiveram ao seu lado desde então. Ela terá também de desconfigurar na mente o padrão de rotina que já estava estabelecida, para que, ao chegar ao novo destino, consiga estar aberta a conhecer e viver seu novo lugar, sem compará-lo o tempo todo com aquele de onde saiu.

Isso é mais difícil do que parece para a maioria das pessoas. Estamos presos a padrões de comportamento. Temos raízes, referências. Quando chegamos a um novo país ou até mesmo a uma nova cidade, normalmente não conhecemos ninguém. Olhamos à nossa volta e tudo é desconhecido.

O primeiro sentimento pode ser assustador, mas, se houver a real intenção de se desapegar do antigo, viver essa sensação de liberdade no desconhecido é enriquecedora. Você não conhece ninguém e ninguém o conhece. Iniciam-se novas relações, limpas de julgamentos ou preconceitos. É realmente muito legal experimentar isso!

No entanto, a pessoa que é muito apegada ao lugar de onde veio — seja à família, à escola, ao curso, à ideia de sucesso, à casa, à cidade, ao país — infelizmente não tem uma visão de mundo. Ela nascerá e morrerá achando que a vida e o planeta se limitam àquele único espaço e dia a dia, e essa é a realidade da maioria da humanidade. Essas pessoas até sabem que há nações e culturas espalhadas pelos cinco continentes, mas aquilo que elas têm lhes bastam. Não há sede ou ânsia por mudança. Esse apego é limitador e deixa a pessoa estagnada, presa à sua própria ignorância, o que é algo certamente triste.

As pessoas que viajam expandem sua visão de mundo e modificam o sentimento de cuidado com os seus e com o próximo.

Elas saem dos seus casulos para entender que boa parte daquilo a que estão apegadas é tão pequeno diante do mundo que já nem vale mais a pena. São essas as pessoas que amadurecem, crescem e conseguem pensar em ajudar o próximo mesmo sem conhecê-lo. São as pessoas que cuidam da rua onde vivem, da água que bebem, do lixo que geram e que entendem com mais precisão que o mundo não se limita àquele pequeno universo ao qual estavam acostumadas.

Um passo bem generoso em direção ao autoconhecimento é a expansão de sua consciência. Se pudesse dar um conselho a cada ser vivo, eu diria: saia uma vez da sua cidade, do seu país, da sua casa, e vá viver em outro lugar. Mesmo que seja por uma semana, um mês. O pouco se torna muito, quando alguém se permite conhecer uma nova realidade. A pessoa que viaja nunca mais volta a mesma para casa.

Segundo Sêneca:

O tempo é o recurso não-renovável mais valioso que você possui. A maior parte da nossa vida passa enquanto fazemos coisas sem importância, gastamos uma grande parcela do tempo não fazendo absolutamente nada. Qual pessoa você pode me mostrar que valoriza o seu tempo, que reconhece o valor de cada dia, que entende que está morrendo a cada dia? Nós estamos enganados quando pensamos que a morte está nos esperando lá na frente; a maior parte da morte já passou. Qualquer que seja o número de anos que deixamos para trás, eles estão nas mãos da morte agora.

6
Apego às tecnologias

Nada, desde o nascimento da humanidade, fez o homem se tornar mais apegado a alguma coisa do que a tecnologia. Estamos avançando nesse setor com tanta rapidez que muitas vezes mal nos adaptamos ao surgimento de algo novo e logo aparece alguma coisa mais atual.

Até poucos anos atrás, o telefone era fixo e servia apenas para fomentar uma comunicação mais rápida e efetiva entre duas pessoas que não estivessem próximas fisicamente. Poucas famílias possuíam esse aparelho, por se tratar de algo caro e elitizado. Computadores, então, nem se fala! Eram aparelhos disponíveis apenas em grandes empresas e indústrias e eles mesmos eram de grande porte. Naquela época, era muito distante a ideia de uma pessoa possuir um computador dentro da própria casa.

Nos dias de hoje, como os telefones são móveis e agregam várias tecnologias, praticamente todos os habitantes do planeta têm facilidade de interagir e se comunicar entre si. Até em países extremamente pobres, seus habitantes possuem celular (telefone móvel) — preferencialmente dos modelos que se transformam também em computadores de mão.

Raramente, veremos um jovem que não esteja carregando um celular ou um smartphone. Todos vivem conectados à internet, que contribuiu e muito para aproximar as pessoas, para a divulgação rápida de conhecimento, para trocas de opiniões e liberdade de expressão. Mas, infelizmente, a internet também fez as pessoas se distanciarem do ponto de vista do contato físico.

Estar o tempo todo conectado fez o apego a esses aparelhos se tornar parecido à necessidade que temos do ar para viver. Quando, por descuido, esquecemos esses aparelhos em casa é como se nos sentíssemos "pelados". Experimentamos uma sensação de que algo nos falta.

As pessoas não conseguem mais viver longe de seus aparelhos. Toda a comunicação se dá por meio deles, e não como um telefone normal. Na verdade, eles mal são usados com esse objetivo. Os números de telefone já não são mais discados. Atualmente, um aparelho telefônico só é útil se possuir aplicativos que permitam várias formas de comunicação, inclusive as que não precisem utilizar a voz.

Essas facilidades parecem boas, mas tudo tem dois lados. Ao mesmo tempo em que torna a vida de muitas pessoas mais prática, a torna também fria e sem emoção. Tudo passou a ser documentado virtualmente, e muitos deixaram de enxergar a beleza da vida com seus próprios olhos. As pessoas passaram a admirar lugares, rostos e momentos por meio de programas de fotos e/ou em redes sociais.

Diante da forma como vemos a realidade atual, é difícil vislumbrar um futuro em que essa tecnologia não siga se aprimorando e aprisionando ainda mais seus usuários. Já existem campanhas para que as pessoas diminuam o uso de seus minicomputadores. Campanhas que incentivem as pessoas a observarem novamente o mundo à sua volta com os próprios olhos e a se esforçarem para estabelecer uma comunicação mais real e menos virtual. Campanhas que as incentivem a substituir as trocas de mensagens por ligações, fazer visitas, escrever e enviar cartas pelo correio (costume quase extinto) e a se esforçarem para não usar seus smartphones durante os encontros com seus amigos. Mas é difícil. É como se, novamente, estivéssemos nus.

Este capítulo, que foi dedicado ao desapego às tecnologias, é, sem dúvida, o melhor e o mais importante de todos neste momento, pois é de extrema importância que haja uma conscientização no sentido de deixarmos a tecnologia avançar, mas sem nos tornarmos escravos dela. É importante sabermos de novo o momento certo de substituir a vida virtual pela vida real.

A internet nos possibilita ter acesso a um leque amplo de conhecimento, mas é preciso bom senso para filtrar as informações. Essa ferramenta não pode ser o sinônimo de tudo o que nos impulsiona para o futuro. Temos de reaprender a tomar as rédeas de nossa vida de maneira integral e saber quando podemos usar moderadamente a tecnologia a nosso favor e quando ela não está sendo saudável para nossa saúde mental, emocional e física.

As crianças desta nova geração já nascem tão envolvidas com os equipamentos eletrônicos que as imaginar vivendo de maneira livre e inocente é quase utopia. Assim, vai se tornando cada vez mais distante a possibilidade de promover o desapego desses objetos e também da internet. Elas não conhecem brincadeiras manuais e a maioria tem dificuldade de se comunicar e estabelecer relações, por terem sido apresentadas cedo demais a essas opções frias — que não são 100% descartáveis, mas é preciso encontrar um meio termo para utilizá-las. Por exemplo, é possível administrar a necessidade do uso e não o tornar um hábito.

Alguns anos atrás, foi publicada uma reportagem no jornal *Folha de S.Paulo*[4] sobre o apego exagerado ao celular. O assunto ainda

---

4 - Acesse o link e leia a matéria na íntegra em: http://www1. folha.uol.com.br/fsp/equilibrio/74948-apego-exagerado-ao-celular-nao-e-doenca-criticam-especialistas.shtml.

não era tratado como doença, mas já dizia ali que crescia o termo "nomofobia", que significa dependência ao celular. Na matéria, Andréa Jotta, membro do Núcleo de Pesquisa da Psicologia em Informática da PUC/SP, fora entrevistada e ressaltou diferenças entre vícios em jogos, compras e tecnologia, mas disse que não daria para patologizar o vício em tecnologia só por conta do acesso. Será que atualmente esse ponto de vista seria mantido?

Na mesma matéria, afirmava-se que as pessoas com depressão ou com dificuldade no trabalho ocupavam suas lacunas emocionais com a tecnologia e que isso não era a causa, mas sim um sintoma da questão. Será? Na mesma pesquisa, Cristiano Nabuco, coordenador do grupo de dependências de internet do Hospital das Clínicas de São Paulo, afirma que as pessoas ainda não se deram conta de que isso é sim um problema de saúde pública. "Dependente de celular sofre mais de ansiedade, frustação e irritação do que o viciado em internet apenas. Tem transtornos menos duradouros, mas são fortemente impactantes", comparou Nabuco em suas explicações.

O que vemos é que essa dependência do celular promove uma sensação de conexão e acaba funcionando como uma espécie de socializador. As pessoas seguram o celular e o tempo todo o manipulam como uma forma de se sentirem acompanhadas, quando na verdade estão sozinhas.

É quase como comparar essas pessoas com as que precisam beber em festas. Essas pessoas buscam a sensação de preenchimento e conforto ao manter um copo nas mãos e muitas, inclusive, já comentaram comigo que têm necessidade de beber em festas porque, se não estiverem com um copo, é como se não estivessem se divertindo. Isso se trata, na verdade, de uma muleta social. O indivíduo realmente acredita que o que o faz especial é agir tal e qual todos os que estão à sua volta.

Não culpo a tecnologia, dizendo que ela é a causadora das depressões e dos distúrbios antissociais, mas arrisco dizer que seu mau uso pode contribuir para isso, uma vez que por meio da tecnologia nos afastamos mais e mais da realidade.

Para evitarmos os sintomas do apego neste caso específico, a sugestão seria moderar o uso, definir suas prioridades e, acima de tudo, valorizar as convivências reais e explorar mais o uso dos sentidos sutis. Voltar a ter prazer em ouvir a voz de quem gostamos e não apenas trocar mensagens frias por meio de um aplicativo no telefone. Aproveitar ao máximo o olho no olho, que nunca mente! Explorar o toque e a sensibilidade do tato, que, desde sempre, nos causa um bem-estar danado quando vem acompanhado de um abraço apertado, de um beijo estalado ou apenas do calor do estar próximo. Contemplar a natureza por meio de nossos próprios sentidos e não usar o registro compulsivo de tudo o que vemos e presenciamos.

Nossa memória é o maior HD que existe. Podemos armazenar experiências e registros ilimitadamente e, para recuperá-los, basta apenas fechar os olhos e recordar. Aquilo que muitas vezes a tecnologia limita, nosso próprio corpo mantém de maneira infinita!

7
As novas gerações e suas tendências ao desapego

Escrever este capítulo vai me gerar dois sentimentos:

1. Uma enorme sensação de nostalgia. Faço parte de um grupo nascido em uma época que os estudiosos chamam de Geração Y. Não sei por que esses estudiosos dão letras que mais me lembram a tabela periódica, mas deve haver algum tipo de associação para

isso. No entanto, eu já me contento em não ser chamada de Baby Boomer.

2. Perceber o quanto essas mudanças comportamentais refletem de forma contundente na rápida evolução tecnológica da humanidade, o que me traz uma sensação de felicidade, mas também de receio, por não conseguir acompanhar exatamente tudo o que acontece de novo e de diferente à minha volta. Mas, como o assunto deste livro é **desapego**, não vou me preocupar com isso!

O que proponho neste momento é traçar um comparativo entre as diversas gerações que se sucederam até hoje e como vemos sua relação com o assunto principal que estamos abordando. E atentemos para um fato: quanto mais rápidas as mudanças acontecem e se processam, maior é a tendência ao desapego, que passa a ser praticado inconscientemente — o que é bom para o desenvolvimento humano, mas pode ser ruim para o planeta. Mais abaixo, vou explicar.

Dizem que antigamente as gerações eram definidas a cada 25 anos (imagine que uma mudança genealógica e comportamental eram percebidas a cada 1/4 de século). No entanto, isso baixou atualmente para 10 anos! Se esse passo for mantido, é muito provável que, para os próximos períodos, essa percepção faça com que, em vez de 10 anos, passemos a identificar mudanças consideráveis em bem menos tempo, pois elas acontecem conforme ocorre um avanço nas tecnologias e no desenvolvimento de raciocínio e aprendizado.

Vejamos, então, como as gerações que nos são apresentadas lidaram e lidam com o processo de desapego. Não me aprofundarei muito nas três primeiras, pois fazem parte de um contexto bastante antigo e pouco eu posso explanar sobre seu comportamento em relação ao nosso tema. Mas vale a pena saber que essas categorias de gerações são catalogadas e registradas desde o século XVIII.

Geração Perdida[5]

A Geração Perdida (Lost Generation) — termo atribuído por Gertrude Stein — é registrada no período entre 1883 e 1900, uma fase na qual muitas celebridades, principalmente da

---

5 - Acesse o link e leia a matéria na íntegra em: https://pt.wikipedia.org/wiki/Lost_Generation

literatura americana, se destacaram. Um exemplo disso foi Ernest Hemingway. Foi nesse período que muitos adolescentes foram treinados para lutar na Primeira Grande Guerra Mundial, um importante marco histórico da humanidade, que, sem dúvida, influenciou o sentido de apego e desapego.

Tal como Hemingway, outros literários se destacaram nesse período, como F. Scott Fitzgerald, Ezra Pound, Sherwood Anderson e T. S. Eliot. Muitos viviam em Paris ou em outras partes da Europa até o início da Grande Depressão, que ocorreu pouco antes da Primeira Guerra Mundial. Essa geração também produziu muito do que hoje conhecemos como o jazz norte-americano.

Geração Grandiosa[6]

Nascidos entre 1901 e 1924, os representantes da Geração Grandiosa viveram o período da Belle Époque e o início do período entre as duas grandes guerras.

---

6 - Acesse o link e leia a matéria na íntegra em: http://upempreendedor.com/2a-geracao-a-grandiosa-para-o-empreendedorismo-a-nobre/

Os Grandiosos são filhos dos sobreviventes da Primeira Grande Guerra Mudial (1914--1918) e sofreram boa parte das consequências de tudo o que aconteceu naquele período, principalmente na Europa.

Os pais dessa geração tornaram-se imigrantes pelo mundo (falaremos sobre como isso influenciou o conceito do apego logo abaixo) e, se já não bastasse ter tido pais combatendo na Primeira Guerra, ainda precisaram lutar na Segunda Guerra.

Nesse período, mesmo diante de tanta repressão, muitas mudanças aconteceram e a geração foi marcada por muitas pessoas extraordinariamente inteligentes e bem-sucedidas. E talvez por isso, o nome dado a essa geração tenha sido Grandiosa,

Nomes como Walter Elias Disney, o pai da Disneylândia e do Mickey Mouse, e, para nós aqui no Brasil, o grande comunicador Roberto Marinho, dono da Rede Globo, são alguns exemplos de pessoas que se destacaram no mundo por seu empreendedorismo em um momento tão instável e caótico. Talvez não seja à toa que essas referências tenham primado muito pelo entretenimento e pelos momentos de lazer e felicidade.

Geração Silenciosa[7]

Essa geração recebeu o nome de Silenciosa por se referir a um grupo de pessoas nascidas entre 1925 e 1942. Ainda temos muitas dessas pessoas vivas entre nós com idades entre 65 e 85 anos, que certamente têm muitas referências históricas para comparar o que viveram no passado com o presente.

Uma geração que tinha como foco a família, em um contexto em que a mulher sem dúvida tinha de dedicar boa parte de sua vida a esse ideal, abdicando, assim, de sua liberdade. Uma geração marcada por famílias bastante numerosas e patriarcais, nas quais a opinião do homem era a que valia.

Essa época foi marcada também por bastante repressão. No contexto familiar, a mulher se apegava aos filhos e às funções da casa, além de cuidar do marido. Foi um período de muito tradicionalismo e de poucos questionamentos, de grandes políticos e grande respeito à imagem de nação e de aceitação a toda

---

7 - http://geracoesdomarketing.blogspot.com.br/2010/04/geracao-silenciosa.html

e qualquer imposição. Talvez por isso, essa geração tenha sido chamada de Silenciosa.

No entanto, foi por volta desse período também que a mulher conquistou o direito ao voto, à escolarização e iniciou sua inserção no mercado de trabalho. Tudo isso fez dessa geração uma das que mais conquistou — pelo menos no Brasil — direitos e cuidados sociais, algo que se reflete positivamente até os dias de hoje.

Foi também nesse período que vimos que a felicidade plena estava, na verdade, em proporcionar a felicidade alheia, já que os casamentos duravam por comodismo ou por estabilidade. Não posso generalizar e dizer que não havia amor nos relacionamentos, mas se separar era algo muito fora dos padrões e até malvisto. Portanto, isso me leva a crer que muitas relações não eram desfeitas para que as coisas fossem mantidas como estavam. Talvez, inclusive, por apego. Apego ao que já estava estável, à situação financeira, às aparências ou a crenças e valores, que nada mais são do que os padrões impostos pela sociedade.

Certamente, as novas gerações nunca saberão o que é viver relações tão longas, pois a maior parte dos jovens hoje não chegam a completar bodas[8] de bronze, quem dirá as de diamante. No entanto, esse amor também era um sentimento cômodo.

O casamento, muitas vezes, acontecia de maneira arranjada ou, por uma questão de cultura da época, as pessoas se envolviam cedo e seguiam no relacionamento para sempre. Não havia essa liberdade que há atualmente, que permite as pessoas se relacionarem com muitos parceiros até definirem com qual realmente construirão uma família. Na verdade, nem isso significa que o casal compartilhará a vida até seus últimos dias. Esse conceito de casamento existiu mesmo para a Geração Silenciosa e para as que vieram anteriormente.

Ainda que haja a tendência de movimentos retornarem, esse modelo de relação já não é sentido há algumas décadas. Muito provavelmente por prática do conceito que estamos abordando: o desapegar. Ninguém quer mais viver algo que não o faz plenamente feliz e está bem mais fácil colocar em prática o desapego nesse sentido.

---

8 - Bodas são o registro de quantos anos os casais passam juntos. Para cada época e quantidade de tempo, há uma boda diferente.

Baby Boomers

A Geração Baby Boomer surgiu logo após o fim da Segunda Guerra Mundial. Hoje, essas pessoas, nascidas entre 1943 e 1960, estão com mais de 60 anos e se caracterizam por gostarem de uma condição de vida que lhes permita a estabilidade. Essa estabilidade se reflete na vida pessoal, no trabalho e nas relações afetivas. Os valores dos representantes dessa geração estão fortemente embasados no tempo e essas pessoas preferem ser reconhecidas pela sua experiência e capacidade de se manterem estáveis. Temos exemplos bem simples de identificar os Baby Boomers. Basta olhar para seus avós e/ou seus pais. Eles são a referência mais clara para dessa geração.

O termo em inglês *Baby Boomers* pode ser traduzido livremente para o português como "explosão de bebê", fenômeno social ocorrido nos Estados Unidos no final da Segunda Guerra Mundial, ocasião em que os soldados voltaram para suas casas e conceberam filhos na mesma época.

Os Boomers também são identificados como protagonistas da Era do "paz e amor", pois tinham aversão aos conflitos armados. Preferiam a música, a arte e todas as outras formas de cultura como instrumentos para evolução humana, abominando as ideias que levavam às guerras. Afinal, haviam atravessado vários anos influenciados pelos acontecimentos ligados a elas, o que foi traumatizante para muitas gerações, incluindo as que vieram após os Boomers.

Até o momento presente, não há registros de uma nova guerra mundial, na escala da segunda. E mesmo que ainda estejam ocorrendo guerras civis ou de outros perfis em várias regiões do mundo, este fato não dita uma mudança comportamental que possa ser sentida de maneira expressiva, como ocorreu em decorrência das duas grandes guerras mundiais do século XX.

Nos dias de hoje, aqueles que surgiram com a Geração Baby Boomer, ou já estão, em sua maioria, aposentados, vivendo essas mudanças desenfreadas na tecnologia de maneira superficial, ou ocupam cargos de diretoria ou gerência em algumas empresas. Seguem casados, recasados ou divorciados. Orgulham-se por terem proporcionado à família a segurança da moradia própria, dos estudos até a graduação universitária, de possuírem carros, propriedades ou até mesmo condições de viajarem ao exterior quantas vezes quiserem.

Um dos maiores conflitos pelos quais essa geração passa é o fato de exercerem funções de chefia, seja em casa ou no trabalho, e muitas vezes se chocarem com as gerações mais jovens no que diz respeito aos seus ideais.

Essa diferença na velocidade do agir e executar ocasiona um contraste considerável de comportamentos e valores. Torna-se necessário, então, que, tanto uma geração como a outra, saibam ou se esforcem para administrar positivamente os conflitos e para reverter as diferenças em potenciais de atuação.

Quanto ao desapego, fica bem claro observar que os Baby Boomers são os que mais sofrem para colocá-lo em prática. Filhos herdam dos pais e avós coisas que muitas vezes não fazem a menor questão de ter, desde segmentos profissionais (empresas, por exemplo) até bens materiais.

A geração dos Boomers procurava conquistar a estabilidade com *status* e, ao longo das décadas, notou-se um comportamento de apego, de necessidade de se preservar tudo o que fosse possível devido ao que o mundo viveu após as grandes guerras. Famílias guardaram por anos o que conseguiram manter, após terem passado por conflitos nos quais se viram sem nada.

Aqueles que migraram dos países que mais sofreram com as guerras vieram carregados de lembranças e do que puderam carregar fisicamente, o que não era muito. Mas, junto com a "caixa preta", que podemos definir como nosso inconsciente, veio também a sensação de que tinham perdido tudo e que precisavam recuperar suas coisas e sua dignidade. Para muitos, a dignidade era representada pelo TER e não pelo SER.

Quantas famílias centenárias deixam para as novas gerações propriedades, louças antigas, cristais, móveis e tantas outras coisas que, muitas vezes, a nova geração nem sabe valorizar, pois não foi criada sob essa ótica.

Para os Boomers, o desapego material é difícil, mas o desapego à vida também. Vivem sempre com medo do que acontecerá quando morrerem, preocupando-se com o futuro da família. Se observarmos, conforme os anos passam, essas pessoas tornam-se bem mais amarguradas e tristes, pois a vida foi vivida em função de somar coisas, que, no fim, não serão levadas com elas. A felicidade era resumida muito ao que foi conquistado e produzido para os outros e muito pouco para si mesmo.

Aqueles que fogem a esse perfil eram tidos como "as ovelhas negras da família". Se você, na década dos Boomers, mostrasse aos seus pais se formar, ser um bom empregado e ter filhos, certamente você se tornaria o desgarrado e mal falado, dentro e fora de casa. Com certeza, há muitos desses por aí. Pessoas com 60, 70 anos, que fugiram totalmente à regra. Mas que bom! Foi a partir desses exemplos que, provavelmente, boa parte da mudança que observaremos no comportamento da geração da qual falaremos a seguir, a X, aconteceu.

Geração X

Enquanto a geração dos Baby Boomers se apresenta como a que permitiu o nascimento da tecnologia, a Geração X já chega sabendo fazer um bom uso dos recursos tecnológicos gerados por seus antecessores. Os X são constituídos por aqueles que nasceram entre as décadas de 1960 até o fim dos anos de 1970.

Foi a geração que, aqui no Brasil, passou pela Ditadura Militar e participou dos vários movimentos de contestação, que confluíram na luta pelas Diretas Já, movimento que deu ao brasileiro o retorno à democracia.

Como esse grupo de pessoas viveu um período de repressão muito forte, formou-se uma geração de pessoas resistentes ou inseguras em relação a tudo o que aparecia como novidade. Criados pelos Boomers, esses indivíduos seguiam com um comportamento muito parecido no que diz respeito à segurança. No Brasil, a nação passou por um movimento de busca por esse objetivo. As pessoas buscavam a segurança de poder se expressar e discordar de algo com o que não concordassem. No entanto, as mudanças na forma de governo do Brasil fez com que essa geração tivesse muito medo de não conseguir ter a estabilidade que seus pais conquistaram.

No Brasil, houve mudanças de moeda várias vezes ao longo dos anos, causadas por uma inflação desenfreada. Aquilo que uma pessoa desejava e pelo qual ela trabalhava para adquirir quase nunca era alcançado, porque, quando um trabalhador recebia seu salário, o valor do bem já havia aumentado algumas vezes.

Essa sensação de insegurança contribuiu para que a Geração X fosse também muito apegada às coisas e às situações. Isso, no entanto, acontecia não porque as pessoas queriam preservar uma história ou porque possuíam coisas de valor e tinham o desejo de repassar para os sucessores na família, mas sim porque a dificuldade de adquirir tais bens era muito maior.

Meus pais são da Geração X, nasceram um pouco depois da época dos Baby Boomers, mas cresceram sob a pressão dos momentos descritos acima. Vagas de emprego não eram tão concorridas como as de hoje, mas um candidato precisava ter uma formação específica e comprovada, para que pudesse ser escolhido entre dezenas de pessoas que lutavam pelo mesmo espaço no mercado de trabalho. E, uma vez conseguido isso, tinha de dedicar muitas horas para não perder o cargo e o salário.

Esse cenário até se parece um pouco com o que vemos hoje, mas, naquela época, o que contava mesmo era a formação e não a experiência do candidato. E mais: pessoas que circulassem muito de um emprego a outro eram malvistas, demonstravam pouca segurança para a empresa e, assim, tinham menos chances de sucesso profissional.

Minha mãe começou cedo sua vida profissional numa grande empresa, fez carreira, e lá se aposentou. Ela não combatia aquilo com que não concordava e tinha o tipo de perfil que a maioria das empresas gosta: o de quem realiza e não discorda! Já meu pai era o contrário. Passeou por algumas multinacionais e por onde passou deixou sua marca, que, aos olhos dos empregadores, era negativa.

Deixou a marca daqueles que discordam das regras e da forma como as coisas são feitas e apresentadas e que reclamam dos processos, das cobranças e das exigências. Ele não ficava muito tempo nas empresas que o contratavam. Arrisco dizer que ele chegou a ficar, no máximo, 12 anos numa única empresa. Tanto que abriu mão delas quando passou dos 50 anos e resolveu investir num negócio próprio.

A Geração X sofreu com o estigma de que, quando as pessoas passavam dos 40 anos, já não eram consideradas aptas ao mercado profissional por serem consideradas velhas. E meu pai foi um dos que sentiu muito isso. Mesmo assim, ambos, que são minhas referências, me ensinaram que estar apegado a algo por medo da perda nos faz perder aquilo da mesma maneira. Então, o melhor jeito de se sentir seguro é fazer o que gosta e ser feliz.

E foi com esse conceito que eu nasci, cresci e sigo vivendo! Eu e boa parte dos que, como eu, fazem parte da Geração Y, próxima geração a ser observada.

Geração Y

E, na década de 1980, cheguei ao mundo! Eu sou um dos exemplos da Geração Y, que já nasceu sob novos paradigmas, novos valores, novas vontades e envolta de muitas novidades tecnológicas e de mais liberdade.

Minha geração é, sem dúvida, a que presenciou em pouco tempo as maiores inovações em todos os sentidos. Em contrapartida, é também a geração que passou a ser mais egoísta e a viver de forma mais individualizada, apresentando características como a capacidade de fazer várias coisas ao mesmo tempo. Por exemplo: ouvir música, navegar na internet, ler e-mails, entre várias outras coisas, que, a princípio, não parece atrapalhar sua rotina.

Foi a Geração Y também que apresentou um desejo constante de viver novas experiências e conquistar uma ascensão profissional rápida. No segmento profissional, pessoas nascidas nessa geração conseguiam promoções para cargos mais altos em períodos relativamente curtos e de maneira contínua dentro de uma empresa.

Muitos dessa geração se tornaram rapidamente os novos ricos do país. Em um tempo muito mais curto do seus pais tinham levado para conquistar algumas coisas, essas pessoas já tinham um patrimônio em seu nome. Já tinham conquistado a casa própria e o carro mais bacana, a possibilidade de viajar várias vezes por ano para onde quisessem, adquirido bens materiais de valores altos, investiam continuamente em qualificação etc. Essa geração soma riquezas momentâneas, dão valor ao *status*, à aparência e à competição. Anseiam pelo novo e tudo para essas pessoas é banalizado rapidamente.

Os perfis das gerações X e Y são muito diferentes no que diz respeito a comportamento. Enquanto o X prefere tranquilidade, o Y quer movimento; enquanto o primeiro visa à estabilidade e ao equilíbrio, o segundo precisa de inovação a qualquer custo. Esses contrastes geram uma instabilidade muito grande na vida, por isso ocorrem constantes conflitos familiares, por exemplo. Os pais, que tiveram uma criação conservadora, muitas vezes não entendem e não aceitam o comportamento despreocupado dos Ys.

Não me referi aos representantes dessa geração como desapegados — apesar de parecer —, porque essas pessoas estão muito apegadas ao conceito de TER. Para elas, quanto mais, melhor! Mais imóveis, mais carros, mais roupas, mais viagens, mais relações, mais novidades, mais tecnologias.

No âmbito profissional, os Ys passaram a chefiar pessoas da geração X, o que torna esse tipo de relação ainda mais difícil. A maioria dos trabalhadores mais velhos não aceita com naturalidade um comando imposto por alguém mais novo, que, por sua vez, também considera demoradas as decisões tomadas pelos mais velhos.

Isso mostra que, para o mercado de trabalho, já não importa tanto o tempo de carreira ou o tempo que a pessoa dedicou a uma empresa; o que passa a contar mais é a capacidade que o profissional tem de atuar nas organizações. Portanto, a Geração X sofre com essa mudança comportamental e não consegue se desapegar de conceitos que a enraizam e a fazem perder espaço para os da Geração Y.

No entanto, os Ys têm uma particularidade a mais. Ao mesmo tempo em que se tornam bem mais sucedidos que seus pais — digo em relação ao tempo que os pais levaram para construir suas carreiras (os Ys ganham bem) —, eles preferem seguir vivendo com seus pais. O conforto proporcionado, a mordomia, a comodidade, torna a vida dessas pessoas mais fácil de ser vivida.

Há aqueles que preferem investir no patrimônio e há os que optam por usar o dinheiro pra gerar mais *status*, a fim de alcançar tudo o que deseja, sem ter a responsabilidade daqueles que constituem uma família. Não são poucos que agem assim. Se o IBOPE fizer uma pesquisa de quantos trintões e quarentões preferem seguir morando com seus pais, mesmo tendo condições de se virarem sozinhos, certamente teríamos um percentual bem elevado! Além disso, é a geração que menos pensa em filhos. Se têm, limitam-se a, no máximo, terem dois, diferente dos Boomers e dos Xs.

Esse último perfil que tracei dos Ys se tornou, então, a maior referência para os Zs, que vieram a seguir.

Geração Z

A Geração Z é composta pelos nascidos em meados dos anos de 1990. Muito provavelmente essas pessoas ainda nem entraram no mercado de trabalho — tal como o conhecemos —, mas já são motivo de reflexão por conta do seu comportamento individualista, que se caracteriza por alcançar um grau muito maior que o dos Ys e que é, de certa forma, antissocial. No entanto, essas pessoas são ou serão bem-sucedidas.

Essa geração é formada por jovens contemporâneos, ligados a uma realidade virtual desde o início de seu aprendizado. Certos, como aqueles familiares de sentar-se à mesa para fazer uma refeição ou conversar com os pais, raramente acontecem e nem são tão expressivos quanto os contatos virtuais estabelecidos pelos jovens na *web*.

Outra característica dos nascidos nessa época é, sem dúvida, sua excentricidade. São pessoas que apresentam um perfil mais imediatista, que querem tudo para agora e que não têm paciência com os mais velhos, quando estes precisam de ajuda com algum tipo de equipamento eletrônico ou com algo novo no sentido tecnológico. O que mostra que, no futuro, muito provavelmente estes jovens, imediatistas e individualistas, terão grande dificuldade para lidar com um trabalho em equipe ou coordenar um grande número de pessoas para atingir metas, já que estar junto de um grupo demanda respeito e tolerância, virtudes que não observamos muito nos Zs.

Mas em uma coisa eles se destacam! Estes jovens têm um poder de aprendizado enorme, consomem informação e cultura e estão atentos e antenados a tudo, o que pode ser bom, mas também ruim. Bom porque, diferentemente de como era para os Ys, os Zs conseguem ter poder mais crítico e realizam muitas coisas com bem menos dificuldade, pois sabem, por exemplo, onde acessar a informação de que precisam para solucionar um problema. Mas ruim, porque se tornam pessoas dispersas e hiperativas, características que interferem no sucesso, pois os colocam em uma posição de cobranças pessoais o tempo todo.

Em relação ao desapego, de todas as gerações que vimos até aqui, esta, sem dúvida, é a mais desprendida. Os representantes dessa geração podem facilmente migrar de um lado para outro, contanto que possam continuar com seus computadores para seguirem conectados com o mundo. Não têm apego a bens materiais, a *status*, a cargos e a profissões e até mesmo à família. Querem desbravar o mundo que já conhecem bem virtualmente.

Lembram-se de que, lá atrás, eu comentei que o desapego vai mudando através das gerações? E que isso poderia ser bom e ruim? Pois bem, cheguei à parte em que é bom para o indivíduo, mostrando que a geração Z está mais preocupada em SER do que em TER. Dessa forma, consegue com mais facilidade se desapegar de coisas materiais.

Não se ouve dos Zs algo como "preciso poupar para comprar uma casa" ou "quero trocar de carro, porque o meu já está fora de moda". Ao contrário, eles estão buscando formas de viajar sem gastar muito e economizam para poderem vivenciar novas experiências. O dinheiro não é mais um bem de grande importância, pois os Zs fazem o que querem com ou sem dinheiro.

A Geração Z cultiva pensamentos como: "Para que ter um carro, se eu posso chegar de bicicleta aonde um automóvel me levaria, sentindo a brisa, percebendo a temperatura e observando o caminho?", e isso nos mostra a importância de sentir e não de adquirir coisas. Provavelmente, essa será uma das gerações com maior rapidez de raciocínio e aprendizado, pois seus representantes preferem investir em conhecimento e em momentos do que em bens.

No entanto, o lado ruim dessa geração é que, se não há novos consumidores, o mercado passa a sofrer com as consequências, que são ruins para a economia. Não que essa geração não consuma nada. Não é isso! Ela consome e consome muito, principalmente novas tecnologias.

É que tudo se tornou bem mais descartável e obsoleto numa velocidade muito maior. Compra-se algo novo hoje e daqui a um ano já está desatualizado e é hora de comprar o modelo mais atual, seja de um computador ou de um celular, ou até de bens que deveriam ser mais duráveis, como roupas e acessórios. Isso acaba gerando reflexos no próprio planeta, tanto no que diz respeito aos processos produtivos quanto aos processos de descarte.

Não podemos dizer que os Zs não se preocupam com isso. Por serem os que geram uma quantidade de lixo gigante, eles são também os que têm informação suficiente para saber o que fazer com o lixo. É uma das gerações que mais se preocupam com esse processo de descarte/ou desapego das coisas materiais e trazem soluções para a reciclagem desse lixo, buscando inovações para que o próprio planeta não sinta tanto essa sujeira que é gerada de forma desenfreada.

É, sem dúvida, uma geração mais lúcida, mais consciente e que pode sim representar um processo de evolução para a humanidade. Não se escuta dos jovens dessa geração discursos sobre a necessidade da estabilidade. O que eles gostam é de ser livres para ir, vir e fazer o que lhes dá prazer com intensidade, valorizando o agora e se preocupando bem pouco com o futuro.

Em suma, isso é muito bom, ainda que preocupe bastante a geração dos avós, pais ou irmãos mais velhos dessa "galera". No entanto, são essas pessoas que moldarão o comportamento da próxima geração, que ainda não tem nome, mas terá como referência uma geração composta por pessoas preocupadas mais em ser do que em somar coisas, o que, no fim, não terá tanta utilidade.

A evolução dessa geração nos mostra duas coisas:

1. Essas pessoas são sim desapegadas. De regras, de conceitos, de paradigmas, de padrões. Por consequência, elas não estão preocupadas em trabalhar em grandes empresas, fazer carreira, enfrentar horas e horas de trânsito, para ficarem um dia inteiro presas em uma sala gerando lucro para os outros. Isso pode ser muito valorizado e legal, mas, sem dúvida, vai gerar uma instabilidade no mercado de trabalho, pois esses jovens vão querer ser autônomos e empreendedores, para fazerem aquilo que verdadeiramente lhes dá prazer.

2. Que, devido a essa condição de serem muito mais individualistas, essas pessoas passam a se isolar. Elas são bem menos sociáveis, não sabem como trabalhar em grupo e têm mais conflitos internos, por serem cobradas de um comportamento com o qual não nasceram e nem foram ensinadas a ter. E muita troca de experiência e sensorialismo só são possíveis de acontecer de pessoa para pessoa, com o toque e a presença física, da qual essa geração foge um pouco.

Mas, então, o que podemos considerar como sendo o comportamento mais correto?

O comportamento correto seria aquele que visa ao equilíbrio, sem excessos. Todas as gerações têm o que ensinar umas às outras, e feliz daquele que é capaz de ouvir corretamente e se impor sem gerar conflitos ou agressões.

Um Boomer ou um X, mesmo tendendo naturalmente ao conservadorismo, precisa compreender que os Ys e os Zs possuem os atributos da inovação, da energia, da automotivação e da habilidade de lidar com o novo. Assim, as gerações mais antigas acabam por depender dessas características para se renovarem diante de um novo cenário.

Já os mais novos, independentemente de sua competência ou aptidão, precisam atingir o equilíbrio por meio da sobriedade dos mais velhos, pois esses, por contarem com os anos de experiência de vida, têm a capacidade de pensar estrategicamente, o que torna suas decisões mais acertadas.

As gerações mais antigas têm a capacidade bem definida de pensar estrategicamente, o que torna suas decisões para a vida mais acertadas. Enquanto o jovem pode inovar constantemente por meio de suas ideias, as gerações anteriores viabilizam as inovações sem os prejuízos que essas podem causar para sua estabilidade e suas conquistas.

Portanto, o equilíbrio para as boas relações entre todas essas gerações está em cada um ser capaz de conciliar essas diferenças apresentadas, extraindo o que cada perfil tem de melhor e equilibrando os potenciais individuais em função do bem-estar coletivo.

8
O poder das escolhas

"Vamos, criatura, corra o risco que a
vida é isso: a vida vale a pena quando se
tem uma boa causa pela qual
se possa sorrir ou chorar, pela
qual se possa viver ou morrer."

DeRose

Este é um capítulo em que a abordagem
vai além do tema desapego. Falarei aqui sobre
algo que nos permite definir se queremos ou
não estar ou ficar apegados a alguma coisa.
Falarei aqui sobre o poder das escolhas!

Desde o nascimento, a cada um de nós
foi atribuído o que os cristãos e outros reli-
giosos chamam de livre-arbítrio. Você nasceu
com a liberdade de decidir, mas nem sempre

tomar decisões é fácil. E não só por conta do fator apego. Tomar uma decisão é ter a opção de escolher. E escolhas são sempre responsabilidade de quem as tomou.

Você não pode — ou não deveria — culpar alguém por conta de algo que você escolheu. Quando toma consciência do seu grau de responsabilidade diante da vida, de que você é absolutamente responsável por tudo de bom ou ruim que lhe acontece, não pode jogar essa responsabilidade em alguém ou em alguma coisa. Isto certamente o faz ter um medo muito grande. Esse medo é, sem dúvida, aquilo que torna muitas pessoas inertes e paradas no tempo e no espaço, sem a coragem necessária para, muitas vezes, alterar o destino de sua vida.

O medo que estagna, que empata, que nos impede de sair da zona de conforto. O medo de tomar a decisão ou a escolha errada.

No entanto, o que é realmente certo? Uns diriam: certo é aquilo que fará você mais feliz. Outros: mas como você tem tanta certeza de que, se decidir ou escolher isso, será realmente feliz? Pois então, a resposta fica clara: não existe certo ou errado, existe sim o melhor para aquele momento.

Você prefere se manter parado ou arriscar-se? E daí voltamos novamente ao tema deste capítulo: o poder das escolhas. Você tem esse poder. Ele é só seu! Ninguém poderá dizer o que você deve ou não fazer.

É verdade que muitos nos influenciam e que todo o tempo somos influenciados por aquilo que está manifestado à nossa volta, sejam pessoas ou situações. Imagine que seu sonho na vida sempre foi morar em outro país, mas na sua família ninguém nunca fez isso. Não há um histórico sequer de alguém que tenha saído de perto do núcleo familiar para se aventurar em um lugar desconhecido.

Mas este é você! Você nasceu com esse desejo e anseio. No entanto, ao comunicar seu desejo aos seus pais, você é bombardeado por inúmeros discursos de que essa atitude o afastará daqueles que o amam, de que você não terá condições de se sustentar sozinho, de que não haverá ninguém para protegê-lo, para ajudá-lo num momento difícil, que você não terá conhecidos por perto etc. E muitos ainda perguntarão que tipo de louco é você.

Pois então! Se você for mesmo um pouco louco, nenhum desses comentários o afetarão ou mudarão seu desejo. Você simplesmente fará sua escolha e seguirá seu caminho. Provavelmente, você dará o *start* neste círculo familiar e outros o verão como um espelho de bravura e coragem e, quiçá, farão o mesmo no futuro. Ou, você concordará que realmente arriscar assim a vida é falta de responsabilidade e matará seu desejo, voltando à sua rotina de sempre e vivendo o dia a dia com um ar de frustação por não ter dado asas ao seu sonho.

Confesso que usei um dos exemplos mais fortes, para ilustrar o que poderia aniquilar sua escolha. Mas há outros. E para todas as decisões, que fujam dos padrões de quem está perto, sempre haverá os que apoiarão e os que tentarão eliminar essa ideia de sua cabeça.

E por quê? Porque é muito mais confortável viver numa zona segura do que se arriscar ou deixar que os mais próximos se arrisquem. O medo não o faz ir atrás dos seus sonhos. O poder de escolha sim!

Aos humanos foram destinados alguns níveis de consciência que os fazem evoluir e se desenvolver de maneira acelerada e incomparável em relação a todos os outros animais.

Só por isso já valeria muito a pena "pagar para ver"! Até porque aquele que se arrisca, pelo sim ou pelo não, viverá uma nova experiência. Se der certo, trará disso memórias, recordações, amadurecimento. Se der errado, acontecerá o mesmo, e isso ainda servirá para torná-lo muito mais atento às novas decisões que deverá tomar no futuro.

Uma coisa é certa: estar apegado a fazer sempre a mesma coisa por medo de ser o diferente ou de fazer algo novo e inovador não é garantia de felicidade. Na verdade, é o contrário. A probabilidade de a frustação trazer o sentimento de tristeza e infelicidade é muito maior do que o arrependimento por ter feito algo ou escolhido algo que não deu certo.

A máxima que diz que é "melhor fazer e se arrepender depois do que não fazer" é a descrição perfeita para o que significa viver na prática o seu livre-arbítrio. E se nada do que eu escrevi faz sentido para você, não tem problema! Passe para o próximo capítulo, que nada de mal também lhe acontecerá.

9
O medo de mudanças

Mudar. Mudar o corte de cabelo. Mudar o estilo visual. Mudar de casa, de cidade, de país. Esse verbo simples de conjugar pode ser aterrorizante para muitas pessoas, quando estas pensam em colocá-lo em prática. O processo de mudança sempre traz consigo duas coisas que as paralisam: a dúvida e o medo.

Quando estamos diante da necessidade de mudança, percebemos que ela desponta de uma vontade de sentirmos algo novo, de vivenciarmos uma nova experiência ou até de nos sentirmos diferentes. Trata-se de um processo que está intimamente ligado ao nosso emocional. E qualquer mudança, por mais sutil que seja, requer coragem. Temos que nos adaptar ao que virá com a decisão de mudar. Quando optamos por mudar o corte de cabelo, não sabemos como vai ficar até que tenhamos a iniciativa de cortá-lo.

Essa dúvida nos instiga ou nos prende. Os que fogem à regra são os que são vistos sempre com um visual diferente. Sem o medo de nos arriscarmos a fazer algo, temos a possibilidade de tecer e moldar nossa vida como bem queremos. Quando enfrentamos a insegurança de alterar coisas simples, como cortar o cabelo, por exemplo, isso se reflete em todo o resto em nossa vida.

Em casos como mudar de casa, cidade ou de país, a paralisia muitas vezes é maior, pois tudo o que você conhece ou com que já se acostumou terá de ser deixado para trás. Você vai precisar reconstruir seus hábitos e sua rotina e, acima de tudo, fazer novos amigos e estabelecer novos laços, construindo também novas relações.

Mas quem não gosta de algo novo? Por mais receio que tenhamos, o novo tem sempre um sabor especial. E esse sabor dura um tempo, até que você tenha a necessidade de vivenciar as mesmas sensações novamente.

O lado bom de mudar é este: você tem a opção de estabelecer novos padrões comportamentais e tomar decisões que resultem em novos hábitos e, dessa maneira, até mesmo se recondicionar e moldar sua personalidade sob uma nova ótica ou cultura.

Ao ver-se preso num mesmo padrão de hábitos todos os dias, você deixa de estimular novos níveis de percepção e consciência. Se, inserido numa rotina, você não a quebrar, ficará condicionado, deixando de aprender ou de sentir algo diferente.

Pense: quando você acordou hoje pela manhã, qual foi a primeira coisa que fez? Você foi direto para o banheiro ou mexeu em seu celular? Colocou qual dos sapatos primeiro? O esquerdo ou o direito? Que caminho decidiu pegar para ir ao trabalho ou para suas aulas? O que comeu durante o dia?

Se não nos promovermos mudanças constantes, nossas vidas tendem a ser uma soma de diversos hábitos. E hábitos tendem a se repetir de forma condicionada. Para quebrar o padrão, mais uma vez é preciso ter coragem. Enfrentar o desconhecido e encarar o que vier com ele.

Um pesquisador de uma universidade dos Estados Unidos descobriu que mais de 40% das ações que as pessoas realizam diariamente não são decisões, mas hábitos. Essa informação foi extraída do livro *O poder do hábito* de Charles Duhigg e apenas reforça o que foi descrito no parágrafo anterior.

Enquanto alguns estão satisfeitos ou acomodados com suas vidas e suas rotinas, outros estão vivendo intensamente a ideia de mudar e descobrindo novas formas de viver, de se adaptar ao novo, de extrair contentamento das situações e de serem gratos à vida por lhes dar oportunidades de crescerem como seres humanos.

Muito do que parece engessado ou a única forma certa de viver ou lidar com sua vida talvez tenha sido um padrão de comportamento aprendido e que ficou engessado em sua mente. Todos os grupos com os quais convivemos estimulam ou podam de alguma forma o caminho da mudança.

A egrégora é, sem dúvida, uma força muito poderosa. Se você foi criado num ambiente em que viu muita gente indo e vindo, viajando e se mudando, sendo punk hoje e pagodeiro amanhã, mudar para você talvez não seja um tabu.

Ao contrário, deve ser até bem fácil. Mas se do meio de onde você veio isso acontecia poucas vezes, você tenderá a relutar mais no processo e talvez passe a vida inteira na mesma casa, no mesmo bairro, na mesma cidade, permitindo-se vez ou outra uma viagem rápida para esgarçar seus anteolhos culturais.

Além dos grupos, outro impeditivo para mudanças pode ser a necessidade que a pessoa tenha de se sentir próxima de tudo o que moldou sua personalidade: suas referências, de onde ela veio, das pessoas com quem conviveu toda a sua vida, de onde vivem seus pais, de suas amizades de tantos anos, de onde estudou etc.

Devemos lembrar que referências são construídas à medida que vivemos e lembrar que podemos construir novas, assim que decidirmos fazer algo novo ou viver em outro lugar.

O que realmente importa nos acompanhará sempre. Ou talvez também mude. Até porque as relações mudam com o tempo. O que é verdadeiro nunca se perde; só se transforma.

Não tenha medo de se arriscar. Correndo o risco, você se permite experimentar novos sabores e cores. E se der errado, pelo menos você tentou.

Aproveite e descreva abaixo tudo o que você sempre pensou em fazer, mas nunca teve coragem de realizar por medo de arriscar uma mudança. É um exercício muito legal e certamente pode instigá-lo a colocar os planos em prática!

10
Apego à ideia de desapegar

Este último capítulo é, na verdade, uma espécie de conclusão de tudo o que foi abordado ao longo do caminho desta leitura.

É bem provável que você, a esta altura, se considere um apegado depois de ter sido exposto a todas as formas de apego que foram citadas, mas não se importe muito com isso. Importe-se mais em definir quais serão os passos que você dará para alterar ou até mesmo mudar esse comportamento.

Por exemplo, no meu caso, passei a observar que o desapego se deu inicialmente quando eu resolvi sair da minha cidade natal e do meu país para viver em outro continente. Para efetivamente colocar em prática o desapego, eu comecei devagar. Meus passos foram:

1. Eu decidi que queria viver em outro país, mas não tomei essa decisão de forma meramente racional. Não! Ao contrário, foi totalmente emocional. Eu queria sair de uma relação, a qual me via apegada e não sabia bem como fazer para me desapegar. Percebi que precisava desfazer aquele laço, que, naquele caso era um nó, mas não conseguia com meus comandos internos. Alguns me questionaram muito o porquê de eu ter que mudar de país para findar aquela relação, e foi então que percebi que meu apego à pessoa com a qual estava era tão grande que só o fato de saber que estaria na mesma cidade ou no mesmo país que ela, mas sem poder estar com

essa pessoa, me sufocava. Escolher viver em outro lugar me tiraria totalmente dessa situação, mesmo que assim eu tivesse que, com uma escolha, iniciar outras tantas. Na verdade, eu chamo isso de fuga, mas muitas vezes precisamos fugir para nos encontrar;

2. Ao perceber que, para me desapegar dessa pessoa, eu teria que estar muito longe dela, eu resolvi morar em outro país. Legal! Era o início de um novo ciclo. No entanto, para fazer isso, eu também teria que me desapegar de muitas outras coisas, como de meus familiares e amigos! Eu estava indo morar em um país onde tinha conhecidos, família, mas não eram os meus queridos e próximos, os que me conheciam, me aceitavam e me acolhiam sempre que eu precisava. Eram conhecidos apenas. Poderiam vir a se tornar grandes amigos, mas pouco sabiam de mim. O segundo momento do desapego doeu, mas fui reforçando cada laço com os que eu mais amava, para que, mesmo longe, pudéssemos manter

contato como se estivéssemos perto. Acho que consegui fazer isso com maestria, pois os verdadeiros seguem até hoje comigo como se eu nunca tivesse me afastado;

3. Desliguei-me, pouco a pouco, da empresa na qual trabalhava, para sentir menos a dolorosa separação dos meus afazeres e da minha rotina. Esse é outro processo que inclui coragem, pois você sempre julga que sua presença é insubstituível até se dar conta de que não é. Ao ver que já tinha outro para assumir meu lugar no mesmo dia que me pediram minhas coisas e tarefas, percebi que esse é o apego mais estúpido de todos. E foi ótimo! Por mais apegados que estejamos aos nossos empregos e cargos, saiba que não vale a pena!

4. Chegou, então, o momento de começar a me desfazer das coisas materiais. Eu precisava de dinheiro para realizar essa empreitada escolhida por mim. Então, como fazer? Já citei isso no capítulo do "Apego material", mas vou citar novamente.

Há duas formas de se desapegar de coisas materiais. Uma delas pode lhe render algo, como vender suas coisas em bazares, brechós ou briques de móveis usados. Essa alternativa pode lhe dar um retorno pequeno em dinheiro. A segunda forma de se desapegar de coisas materiais é separar apenas o que você julgar necessário para sua nova jornada e doar o resto para instituições de caridade. Essa segunda opção é bem altruísta, mas lhe oferece um sentimento de leveza inexplicável. Eu fiz as duas coisas. Vendi boa parte do que eu tinha, apesar de ter sido bem difícil no começo, pois vi objetos que me traziam lembranças passando às mãos de outras pessoas por preço de banana. Arrecadei uma quantia interessante, mas nada se compara ao que senti quando resolvi mais perto da viagem que o que havia sobrado do bazar eu doaria. Passei então a dar todo o resto para pessoas mais carentes ou até para amigos mesmo. Foi libertador!

5. A hora da despedida. Quando estava embarcando e vendo as pessoas que eu

amava ficando, experimentei o momento mais dolorido do processo. Até sentar no avião, o coração estava apertado, os olhos mareados e um pouco de medo me deixava nauseada. Mas, ao sentir o frio na barriga da decolagem e ver o avião levantando voo, tudo passou. Eu passei a desfrutar de outro tipo de sentimento. Leveza, liberdade, curiosidade, uma alegria pulsante em busca do novo. Quando efetivamente senti que todo o apego que eu tinha era fruto, principalmente, de minhas crenças e meus valores, eu entendi que estar apegado à ideia do desapego é mais um apego. Assim, me deixei ir. O medo passou, a insegurança também, e, a partir desse episódio, eu consegui com muito mais facilidade viver com menos (coisas materiais e até pessoas), sair, mudar sempre que tivesse vontade e fazer novas escolhas sem muitos questionamentos. É sempre fácil assim? Não! Muitas vezes, ainda me pego com dúvidas. Mas não tenho medo. Se precisar, saio da zona de conforto e começo tudo outra vez.

Essa foi a maneira que encontrei para iniciar esse processo de desapego. Cada um encontra o seu e muitos não chegam nem a passar por isso. E, enfim, na vida tudo são escolhas.

Todos nós somos apegados a algo ou a alguém, em maior ou menor grau. Às vezes, somos apegados a coisas que realmente não têm muito sentido ou necessidade de ser, ou em outras até nos mantemos apegados para preservar laços e relações que nos são importantes. Apego não é doença, mas é importante medir se ser apegado a algo atrapalha ou não sua vida e suas decisões.

Se você sente que sim, que não consegue mudar ou fazer muito do que deseja por estar apegado, então é hora de escrever essas coisas e ponderar o que lhe é mais importante. Se sua felicidade depende do desapego a algo ou a alguém, então desapegue. Corte suas amarras e permita-se experimentar a sensação do desapego.

No entanto, estar apegado à ideia de desapegar também é uma forma de apego, então se cuide para não cair no jogo da autossabotagem. Por exemplo: uma pessoa diz que não é apegada ao namorado, que ele tem liberdade de decidir o que quer e como quer sua vida, mas no momento que decide que quer ir morar longe, a pessoa mostra que na verdade não é desapegada coisa alguma, mas que pregar isso soa bem aos outros.

Apego à ideia de desapegar é pior do que estar apegado conscientemente, pois, ciente disso, você ainda tem como alterar, amenizar, sutilizar as coisas. No entanto, vivendo iludido, com certeza isso será mais difícil.

Espero que, após ter acompanhado os desfechos desses capítulos até aqui, você tenha conseguido ver com clareza algumas coisas que moldam nossas atitudes. E que, dessa forma, você consiga promover de maneira lúcida as lapidações e mudanças que julgar necessárias em sua vida e em suas atitudes.

Escolher e mudar acarreta consequências, que podem ser boas ou não. No entanto, é muito melhor agir e fazer algo novo por você do que viver sempre da mesma maneira, esperando conseguir obter resultados diferentes. É preciso entender que os resultados só serão diferentes para quem tiver a ousadia de se desapegar e arriscar novas possibilidades diante de algo novo.

© 2016 por Cherrine Cardoso
© Gandee Vasan/Getty Images

Coordenadora editorial: Tânia Lins
Coordenador de comunicação: Marcio Lipari
Capa e projeto gráfico: Jaqueline Kir
Diagramação: Rafael Rojas
Preparação: Janaina Calaça
Revisão: Equipe Vida & Consciência

1ª edição — 1ª impressão
5.000 exemplares — abril 2016
Tiragem total: 5.000 exemplares

**CIP-BRASIL — CATALOGAÇÃO NA PUBLICAÇÃO
(SINDICATO NACIONAL DOS EDITORES DE LIVROS, RJ)**

C26i

    Cardoso, Cherrine
    A incrível arte de desapegar / Cherrine Cardoso.
- 1. ed. — São Paulo: Vida & Consciência, 2016.
    160 p. ; 21 cm.

    ISBN 978-85-7722-495-1

    1. Meditação. 2. Espiritualidade. 3. Amor. I. Título.

16-30598   CDD: 299.93
                         CDU: 299.9

Todos os direitos reservados. Nenhuma parte desta edição pode ser utilizada ou reproduzida, por qualquer forma ou meio, seja ele mecânico ou eletrônico, fotocópia, gravação etc., tampouco apropriada ou estocada em sistema de banco de dados, sem a expressa autorização da editora (Lei nº 5.988, de 14/12/1973).

Este livro adota as regras do novo acordo ortográfico (2009).

Vida & Consciência Editora, Gráfica e Distribuidora Ltda.
Rua Agostinho Gomes, 2.312 — São Paulo — SP — Brasil
CEP 04206-001
editora@vidaeconsciencia.com.br
grafica@vidaeconsciencia.com.br
www.vidaeconsciencia.com.br

Grandes sucessos de
Zibia Gasparetto

Com 17 milhões de títulos vendidos, a autora tem contribuído para o fortalecimento da literatura espiritualista no mercado editorial e para a popularização da espiritualidade. Conheça os sucessos da escritora.

Romances
pelo espírito Lucius

A verdade de cada um
(nova edição)

A vida sabe o que faz

Ela confiou na vida

Entre o amor e a guerra

Esmeralda (nova edição)

Espinhos do tempo

Laços eternos

Nada é por acaso

Ninguém é de ninguém

O advogado de Deus

O amanhã a Deus pertence

O amor venceu

O encontro inesperado

O fio do destino (nova edição)

O poder da escolha

O matuto

O morro das ilusões

Onde está Teresa?

Pelas portas do coração
(nova edição)

Quando a vida escolhe
(nova edição)

Quando chega a hora

Quando é preciso voltar
(nova edição)

Se abrindo pra vida

Sem medo de viver

Só o amor consegue

Somos todos inocentes

Tudo tem seu preço

Tudo valeu a pena

Um amor de verdade

Vencendo o passado

Crônicas

A hora é agora!

Bate-papo com o Além

Contos do dia a dia

Pare de sofrer

Pedaços do cotidiano

O mundo em que eu vivo

O repórter do outro mundo

Voltas que a vida dá (nova edição)

Coleção – Zibia Gasparetto no teatro

Esmeralda

Laços eternos

Ninguém é de ninguém

O advogado de Deus

O amor venceu

O matuto

Outras categorias

Conversando Contigo!

Eles continuam entre nós vol. 1

Eles continuam entre nós vol. 2

Eu comigo!

Momentos de inspiração

Pensamentos vol. 1

Pensamentos vol. 2

Recados de Zibia Gasparetto

Reflexões diárias

Conheça os sucessos da
Editora Vida & Consciência

Marcelo Cezar
pelo espírito Marco Aurélio

Acorde pra vida! (crônicas)
A última chance
A vida sempre vence
Coragem para viver
Ela só queria casar...
Medo de amar
Nada é como parece
Nunca estamos sós
O amor é para os fortes

O preço da paz
O próximo passo
O que importa é o amor
Para sempre comigo
Só Deus sabe
Treze almas
Um sopro de ternura
Você faz o amanhã
(nova edição)

Amadeu Ribeiro

A visita da verdade
Juntos na eternidade
O amor não tem limites
O amor nunca diz adeus

Reencontros
Segredos que a vida oculta Vol. 1
As belezas e seus mistérios Vol. 2

Mônica de Castro

pelo espírito Leonel

A força do destino

A atriz

Apesar de tudo...

Até que a vida os separe

Com o amor não se brinca

De frente com a verdade

De todo o meu ser

Desejo – Até onde ele pode te levar? (pelos espíritos Daniela e Leonel)

Gêmeas

Giselle – A amante do inquisidor (nova edição)

Greta (nova edição)

Impulsos do coração

Jurema das matas

Lembranças que o vento traz

O preço de ser diferente

Segredos da alma

Sentindo na própria pele

Só por amor

Uma história de ontem

Virando o jogo

Ana Cristina Vargas

pelos espíritos Layla e José Antônio

Além das palavras (crônicas)

A morte é uma farsa

Em busca de uma nova vida

Em tempos de liberdade

Encontrando a paz

Intensa como o mar

O bispo (nova edição)

O quarto crescente (nova edição)

Sinfonia da alma

Eduardo França

A escolha
A força do perdão
Enfim, a felicidade
Vestindo a verdade

Floriano Serra

A outra face
A grande mudança
Nunca é tarde
O mistério do reencontro

Lucimara Gallicia
pelo espírito Moacyr

O que faço de mim?
Sem medo do amanhã

Lúcio Morigi

O cientista de hoje

Flavio Lopes
pelo espírito Emanuel

A vida em duas cores
Uma outra história de amor

Gilvanize Balbino

O símbolo da vida
pelos espíritos Ferdinando e Bernard

A verdade está em você!

Leonardo Rásica

Luzes do passado
Celeste – no caminho da verdade

Márcio Fiorillo
pelo espírito Madalena

Em nome da lei

Rose Elizabeth Mello
Desafiando o destino
Verdadeiros Laços
Os amores de uma vida

Evaldo Ribeiro
Eu creio em mim
O amor abre todas as portas

Carlos Henrique de Oliveira
Ninguém foge da vida

André Ariel Filho
Surpresas da vida
Em um mar de emoções

Maura de Albanesi
O guardião do sétimo portal
pelo espírito Joseph

Coleção Tô a fim

Sérgio Chimatti
pelo espírito Anele

Apesar de parecer... Ele não está só
Ecos do passado
Lado a lado
Os protegidos

Conheça mais sobre espiritualidade com outros sucessos.

🏠 vidaeconsciencia.com.br  /vidaeconsciencia  @vidaconsciencia

Rua Agostinho Gomes, 2.312 — SP
55 11 3577-3200

contato@vidaeconsciencia.com.br
www.vidaeconsciencia.com.br